京师传播文丛

京师传播文丛

重构传播学：
传播学研究的新范式、新方法

丁汉青　杨　雅　主编

中国国际广播出版社

图书在版编目（CIP）数据

重构传播学：传播学研究的新范式、新方法/丁汉青，杨雅主编.—北京：中国国际广播出版社，2023.1
（京师传播文丛）
ISBN 978-7-5078-5265-3

Ⅰ.①重… Ⅱ.①丁… ②杨… Ⅲ.①传播学 Ⅳ.①G206

中国版本图书馆CIP数据核字（2022）第222375号

重构传播学：传播学研究的新范式、新方法

主　　编	丁汉青　杨　雅
责任编辑	刘　丽
校　　对	张　娜
版式设计	陈学兰
封面设计	赵冰波

出版发行	中国国际广播出版社有限公司 ［010-89508207（传真）］
社　　址	北京市丰台区榴乡路88号石榴中心2号楼1701
	邮编：100079
印　　刷	北京九天鸿程印刷有限责任公司
开　　本	710×1000　1/16
字　　数	220千字
印　　张	15.5
版　　次	2023年5月 北京第一版
印　　次	2023年5月 第一次印刷
定　　价	48.00元

版权所有　盗版必究

2020年高校重点外专项目"重构传播学：国际传播的新范式、新方法"成果之一

京师传播文丛
编委会名单

编委会主任：

喻国明　方增泉　张洪忠

编委会成员（按姓氏拼音排序）：

丁汉青　李　韬　秦艳华　万安伦　吴　晔　周　敏

总　序

把握数字革命基础上的传播变革是一项亟待破解的时代命题

喻国明

习近平总书记在主持中共中央政治局第十二次集体学习时强调："全媒体不断发展，出现了全程媒体、全息媒体、全员媒体、全效媒体，信息无处不在、无所不及、无人不用，导致舆论生态、媒体格局、传播方式发生深刻变化。"智能化革命是一场划时代的跨越，是从工业文明向数字文明的深刻转型，正在带来传播领域的巨大变化。面对数字革命所带来的一系列现象级的改变，如何从总体性上把握技术驱动下社会传播领域的变化趋势、深层逻辑及演化机制，已成为实现传播实践有序发展和不断升级的必答题。

一、数字革命的全面渗透正在引发传播领域的一场革命

社会的智能化是一场革命，事实上，数字革命技术的全面渗透导致的关键变化是对传播网络所链接的全部关系的总体性重构。不同于对某些传播环节及某个传播要素所进行的"小修小补"的改良性技术，数字革命技术的全面渗透将创造一个无限量的巨大信息网络，并将从前无法纳入其中

的更加多维的关系连接纳入人的实践体系的可操控范围中，也即从传统的人与人之间的连接全面走向人与人、人与物、物与物之间的系统连接，创造智能终端之间的超级链接体系。

显然，当一系列新的关系要素实现了对于人类实践的"入场"，便会使社会传播成为一个"开放的复杂巨系统"，并在多重、多维的复杂因素的交织影响下实现"换道行驶"。媒介的迭代与技术的升维从某种意义上看就是持续地为传统社会中相对无权者"赋能""赋权"。数字技术改变了传媒行业因机械复制技术所形成的"一对多""点对面"式的信息垄断格局，瓦解了传统社会信息不对称的大众传播秩序。"人人都是传播者"极大地推动了丰富多彩、纵横交错的不同连接方式的交流与传播的实现，实现了更多的传播模式的涌现："物"成为新的公共信息"承载者"，社会热点的表达凸显出"后真相"、非理性等特点，关系认同、情感共振成为社会沟通与社会共识建立的关键，而平台级媒体及作为其运行内在引擎的智能算法则成为信息传播的关键性中介。

可见，未来的数字化治理必须超越仅着眼于传播领域中某个要素、某些环节的改变，而就事论事地制定某类传播主体发展路径或治理对策的传统视角的局限，应依据复杂性理论的范式、因循生态学理论、演化博弈理论以及社会网络学习理论等路径，针对我国传播领域的发展现状和未来趋势构建起一整套符合未来传播实践的传播生态治理的系统模型，从多元行为的关系连接与交互维度上去把握传播生态系统的发展演化过程，并基于此引导新时代社会信息传播系统实现健康有序和可持续的发展。

二、数字革命技术促成传播生态的全面重构

上述对于传播环境根本性变革的分析告诉我们，在数字革命技术的强大作用下，媒介产业的变革方向和媒介融合的发展路径已经成为现阶段传

播领域的重中之重。总的来看，迄今为止主流媒介的传播实践呈现出较为显著的"传播者中心"的立场。然而，新时代传播领域的基本现实是：在"个人"为社会运作基本单位的微粒化社会中，多层成分、多元主体已经成为构造传播场域的基本力量，受传者已经不再是我们所熟悉的"大众"，而是基于"圈层化"存在的一个个有血有肉、有个性、有情绪、有特定"趣缘"彼此支持下的人；"摆事实讲道理"式的大众传播逻辑在这里遇到了关系连接与圈层"茧房"的强大阻击，传播的触达、认知与认同机制发生了重大改变。媒介融合进程中如何实现新传播环境下的全程媒体、全息媒体、全员媒体、全效媒体的目标，达到主流资讯无处不在、无所不及、无人不用的境界，必须有一个生态级意义上的"羽化成蝶"的深刻改变。

首先，从传播内容的供给侧来考察，短视频和直播在人类历史上第一次把社会性传播的门槛降到如此之低，让每一位用户都可以发出自己的声音。而5G对于视频的加持则强化和扩大了这种"泛众化传播"的社会影响的宽度与深度。并且，数字革命时代的无人机普及，各种环境中摄像头、传感器无所不在，都进一步超越了传统媒体的时空局限与感官局限进行丰富多彩、立体多维的信息采集，而其中的某些具有社会价值的信息则可能经智能系统自动加工后直接发送给多元用户。概言之，数字技术带来的"泛众化"的传播供给侧，致使多元传播弥漫在人们的各类日常生活的场景中。

其次，就传播形式的丰富和扩张而言，数字革命时代的传播因其传播形式的"全息化"、多样态，信息传播已"渗透"社会生活的方方面面，成为无所不在、无时不有的影响力"在场"。而传播技术的应用会以用户场景为聚焦点而不断创新信息的组织形式、传播模式和内容形态。就传播载体"全程""全息""全员""全效"而言，随着以短视频为代表的视觉传播成为社会传播的主流形态，内容传播者因应当下移动化、碎片化和社交化的传播场景，以主题人物、热点事件和温情故事等为主要题材，通过碎片化的视觉表达和情感共振、关系认同的传播模式广泛应用，使得内容生产与传播形式转型为一系列直击人心的混合情感传播模式。

最后，智能化也使传播渠道发生了全新的变化。面对媒介生产和用户端的赋能赋权，极具多样性和复杂性的信息生态出现了供需危机，内容传播的精准化已成为"互联网发展的下半场"传播转型的重点。智能分发中的算法机制所要解决的终极问题是要把合适的内容传播给适切的用户。依托机器算法且拥有海量用户及强大黏性的平台遽然崛起成为平台型媒体，它承担起连接信息生产者和用户的开放、多元和普适的平台型中介的角色。而伴随着"生产者—平台媒体—用户"模式的确立，执掌信息选择权的重心正在从传统主流媒体过渡到平台型媒体。原本处在内容生产传播引领者位置的传统主流媒体正在逐渐弱势化和边缘化，成为影响力有限的专业的新闻和观点的供给者，而平台型媒体则逐渐跃升为新的行业操纵者和传播规则的制定者，实现了向传播权力中心的跃进。

三、数字革命推进面向未来的传播实践的革命性转向

传播技术的智能化发展为现实社会以及虚拟网络空间中的传播机制和传播效应带来了一系列新的挑战，也带来了元宇宙、区块链、物联网、移动互联、XR（扩展现实）、云计算、流媒体视频等技术的新发展，它们正在深刻地改写传播领域以及社会发展深层逻辑。这已经不是一项"弯道超车"的发展模式，而是一项"换道行驶"的全新发展模式。因此，关注智能化技术革命下传播领域内外的革命性改变，全面把握社会传播生态系统与权力格局的变迁态势，系统审视智能技术革命下网络社会空间治理模式和范式转型变革中亟待突破的关键问题和基本应对思路，应该成为新闻传播学实践转向的关键。传播实践已经站在全新的拐点上，面对"换道行驶"

的全新未来。它包括且不限于：

——全社会的"媒介化"。媒介化理论视角认为，媒介可以与其他社会范畴相互建构，作用于人类社会形态的媒介形式，其意义远胜于其内容。这一理论视角强调了媒介逻辑对社会的建构作用，也强调了媒介与社会的相互形塑。人作为居间主体，其实践具有能动性，因此，可以通过宏观和中观型态与实践的分析对媒介化进行解构，探究行动场域中不同社会角色之间社会交往和关系的变动模式，包括个人与组织、个人与媒介、社会与媒介关系的变革，从实践视角分析和把握媒介化能够为我们搭建经验材料分析的实践基础，更好地帮助我们把握媒介化进程中的微观、中观、宏观层级变化。

——"型态"与社会实践的结合。"型态"是指智能新媒介技术催生出的新的社会行动方式和组织起的新的社会交往关系，包括个人与组织、个人与媒介、社会与媒介关系的变革，它将全面助力智能新媒介逻辑对社会实践的形塑。未来的传播实践必须超越传统的媒介实践范式，将媒介与个体借由行动空间串联起来，将社会学相关概念融入媒介化实践的决策视野。以"型态"与社会实践的视角展开探索与创新，以"点—线—面"的实践试点为依据，运用更为贴合的理论工具，以期在未来传播中对媒介化理论与实践及其社会效果的把握有全新的突破。

——媒介与社会变迁的"互构"。在过往的传播实践中，媒介或是被置于社会发展的关键节点——媒介以其自身的"偏向"解构社会形态，或是被理解为承担既定社会功能的一种"工具形式"，这种将"媒介"与"社会"相分离的实践模式忽略了媒介的作用过程，变成单纯强调媒介与社会之间的决定/非决定关联的实践范式。我们认为，借鉴SCOT（技术的社会建构）路径，同时对媒介演进基本逻辑与实现机制做出探索，不仅考虑科技物体本身，而且考虑科技物体的发展过程，摒弃科技决定论，也反省社会决定论，同时观照媒介对社会的影响及社会对媒介的作用，思考媒介与社会之间的相互形塑（mutual shaping）、相互生产（coproduction）的"互构"关系及其实践。

——媒介影响社会结构的"制度化"。"制度化"的行动路线，即将媒介的形式视为一种独立的制度化力量，强调并致力于实现媒介作为社会现实框架的组成要件。制度视角致力于把握特定情形下社会结构如何扮演社会交往的资源，以及社会结构如何通过能动性得以再生产和变化，这也是所谓媒介逻辑的作用规则。媒介逻辑被用来描述媒介所具有的制度的、审美的、技术的独特样式及特质，以及借助正式和非正式规则运作的方式，从而提升媒介有效地影响更为广泛的文化和社会的能力。

正是在这一时代命题之下，作为有"学新媒体到新街口"之美誉的北京师范大学新闻传播学院与中国国际广播出版社签署了"京师传播文丛"（共12本）的出版计划，为回答新时代、新传播的发展命题奉献我们北师新传学人的心力与智慧。首批出版的4本书是：《情绪：网络空间研究的新向度》《重构传播学：传播研究的新范式、新方法》《互联网平台未成年人保护发展报告（2022）》（暂定名）、《医患共同体：数字健康传播关系价值的图景想象》（暂定名）。相信第二批、第三批著作将更为精彩，让我们翘首以待。

（喻国明，北京师范大学新闻传播学院教授、博士生导师，北京师范大学"传播创新与未来媒体实验平台"主任，中国新闻史学会传媒经济与管理专业委员会理事长）

2022年8月

目 录
CONTENTS

第一章
健康传播前沿　　001

第一节　全球卫生传播与INSIGHTS（全球健康信息趋势调研的国际研究）研究联盟的演变　　003
　一、健康传播有助于减少人们健康问题的发病率和死亡率、改善生活质量　　004
　二、提供最适合的健康促进活动、方案和疗法是有效应对全球健康威胁的前提　　007
　三、INSIGHTS研究项目的具体阐释　　008

第二节　健康宣传运动信息设计：理论与实践　　015
　一、健康宣传运动概述　　016
　二、健康宣传运动信息设计：理论与实践　　019

第三节　在线支持社群：传播过程与健康结果　　031
　一、在线社会支持社群如何影响健康行为　　032
　二、健康社会支持团体的优势　　035
　三、在线社会支持研究中常用的理论框架　　038
　四、健康相关的在线社会支持经验研究　　038
　五、在线支持社区干预的未来研究方向以及该领域研究的挑战　　042

第四节　超越自我报告：使用眼动追踪研究信息注意力　　044
　　一、关于眼动追踪研究的背景信息　　045
　　二、使用眼动追踪来研究信息注意力　　046
第五节　信息时代的健康素养与大数据技术辅助内容分析　　052
　　一、信息时代的健康素养　　053
　　二、健康传播相关的大数据技术辅助内容分析方法　　057

第二章
计算传播前沿　　059

第一节　大数据和计算传播学研究　　061
　　一、大数据与虚拟世界的科研利弊　　062
　　二、计算社会科学：定义和研究现状　　064
　　三、电子足迹　　067
第二节　思想的几何：人类集体知识与叙事的构建可以被机器
　　　　理解和超越吗？　　071
　　一、社会如何创新思考　　072
　　二、研究举例：灰姑娘情结与性别叙事固有偏见　　075
第三节　传播学研究中的计算机视觉分析　　080
　　一、计算机视觉简介　　081
　　二、计算机视觉工具介绍　　084
　　三、计算机视觉中的主体　　085
第四节　研究如何选料：实证研究的数据质控　　113
　　一、从不同视角看影响样本量设置的统计因素　　114
　　二、传播学研究中样本量设置的现实状况　　117
　　三、数据质控需要考虑的因素　　119
　　四、数据质控实操　　119
　　总结　　120

第三章
传播学学科发展与范式　　121

第一节　元宇宙视域下的传播学学科重构	123
一、把握未来传播的着眼点	124
二、影响中国传媒业发展的四大基本维度	127
三、媒介化时代的到来	129
四、媒介历史演进的核心逻辑	133
五、媒介形态的革命：传播媒介正经历着从物理介质到关系介质再到算法介质的深刻改变	139
六、未来媒介的终极演进："场景时代""元宇宙""心世界"	141
七、元宇宙：在升维的意义上为互联网发展的全要素融合提供了一个未来的整合模式	147
八、发展展望："元宇宙"既是泡沫也是媒介发展的未来，其实现的过程是一个循序渐进的过程	150
九、元宇宙的时代标签与传播学未来发展的重点	152
第二节　社会科学范式、理论与方法的重构与统一：重新发现传播学研究的灵魂	153
一、传播学领域所面临的问题	155
二、重新发现传播学的灵魂	155
第三节　传播学学科任务与学术发展：新闻传播学科国际学会主席对话	163
一、新闻传播学科国际学会介绍	165
二、当下传播学会面临的挑战和采取的措施	171
三、传播学的学科身份与未来发展	175

第四章
智能媒体、人机交互、跨文化传播与数字治理研究前沿　　177

第一节　数字媒体研究前沿对话　　179
　　一、数字图片的日常化：新闻专业人士和非专业人士界限的
　　　　模糊　　180
　　二、年轻人、新闻和数字公民　　183
第二节　媒介与人机交互　　187
　　一、从沟通界面到沟通主体：媒介化社会行为研究的过去
　　　　与未来　　189
　　二、社交线索的力量：关于人机交互的三个理论框架　　194
第三节　跨文化语境下的组织传播与创新　　204
　　一、跨文化语境下组织传播的研究视角　　206
　　二、柔性管理：女企业家的修辞构建　　207
　　三、微信和员工在组织中的社会化　　208
　　四、企业社会责任和国际难民危机　　209
第四节　互联网与数字治理研究　　211
　　一、汪炳华：全球化的三重困境　　214
　　二、安丽塔·乔杜里：互联网治理与主权问题　　216
　　三、米尔顿·穆勒：数字主权与网络空间　　219
　　四、吴国维：数字主权的历史、发展与争议　　221

后记　　225
附录　讲座及文稿整理基本情况　　227

第一章

健康传播前沿

本章导读

　　健康传播研究为全球健康风险提供健康促进方案。健康宣传运动是健康传播的重要理论和实践空间，是传播学、公共卫生科学和医学之间的一座桥梁。健康宣传运动在世界各地都有悠久的历史和丰富的实践经验，但作为科学研究领域，成长时间还相对有限。在健康宣传运动中，信息设计是一个核心问题，特别是针对当前的虚拟在线社群。本章讨论全球健康素养调研，促进或引导全球公民关注健康问题、获取健康信息需求、识别共同的全球健康风险和威胁、检查共享的健康信息需求、开发基于实际情况的有针对性的健康传播计划、完善当前的健康传播计划；对于信息设计相关的核心理论加以梳理，并与健康宣传运动的实例相结合，讨论信息设计中的一些基本原则、研究思路和侧重点；运用认知神经科学的方法如眼动追踪等，超越自我报告的方式研究健康信息的传播机制，希望对此领域感兴趣的研究者和实践者有所启发和助益。

第一节　全球卫生传播与INSIGHTS（全球健康信息趋势调研的国际研究）研究联盟的演变

【本节要点】

健康传播研究有助于减少人们健康方面的发病率和死亡率、改善生活质量，而面对相关的健康信息，人们拥有最适合的健康促进活动、方案和疗法是有效应对全球健康威胁的前提，本节介绍了在未来预计使用"全国居民健康素养调研"（HINTS）演变为"洞察"（INSIGHTS），来促进或引导全球的公民关注健康问题、获取健康信息需求、识别共同的全球健康风险和威胁、检查共享的健康信息需求、开发基于实际情况的有针对性的健康传播计划、完善当前的健康传播计划、维持效果最好的程序并使它们成为一个持续的部分，在不同国家和国家之间扩展使用、促进合作的国际关系等。

【作者简介】

加里·L.克雷普斯（Gary L. Kreps），乔治梅森大学传播学院特聘教授、健康与风险传播学中心主任，健康传播领域的创始学者之一，曾出版第一本健康传播教材，被誉为"健康传播之父"，是基于社区的参与式研究、健康信息传播以及健康信息技术的有效设计和使用方面的专家，获得了如NCA/ICA杰出健康传播学者奖和NCA Gerald M. Phillips（杰罗德·M.菲利普斯）杰出应用传播学者奖等诸多杰出的奖项和荣誉。亦是健康和风险传播中心创始人，所研究的专业领域包括健康传播与推广、风险及危机传播、组织传播、多元文化关系等，相关研究作品已发表500余篇，其作品被引量在癌症传播、健康信息系统、风险传播、危机传播等领域均名列前茅。

一、健康传播有助于减少人们健康问题的发病率和死亡率、改善生活质量

健康传播研究和干预措施对减少全球健康风险产生非常重要的积极影响。健康传播自20世纪70年代开始发展，至今已有近50年的历史，现已基本形成五个主要研究分支：医疗护理服务、卫生健康促进、健康风险危机、电子健康传播、医疗制度管理[①]。

克雷普斯教授指出，健康传播具有降低健康风险危害的作用，提高生活质量的潜力，是进行健康管理和推广的核心过程，可为人们提供各项健康知识，从而改变态度和行为，并有助于对系统及政策进行

---

① HESSE B W, NELSON D E, KREPS G L, et al. The impact of the internet and its implications for health care providers: findings from the first Health Information National Trends Survey [J]. Archives of internal medicine, 2005, 165 (22): 2618-2624.

改进。传播的存在为人们提供了接触相关健康资讯的途径和健康传播的五个主要分支。要提升传播效果,必须要对健康传播进行引导,对有证据证实的健康知识进行系统的传播:完善理论、发表研究结果、进行后续评估、引起人们的关注和散播。健康问题没有国界之分,对健康传播调查进行全球应用是非常重要的,如进行跨国合作、促进国际间的外交活动等。

在讲座中,克雷普斯教授展示了"转化健康研究模式"[①],如图1-1-1所示。

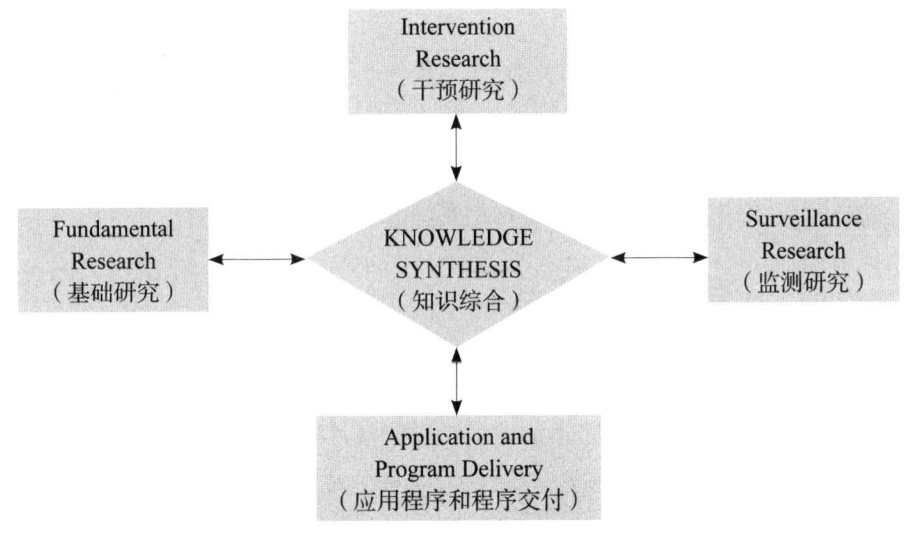

图 1-1-1 转化健康研究模式

(一)基础研究

基础研究是基于人们使用什么样的策略来传达相关的健康信息,是确定研究关键过程并发展成为理论的主要阵地,这是一种描述性的研究形式,

---

① KREPS G L, YU G M, ZHAO X Q, et al. Expanding the NCI Health Information National Trends Survey from the US to China and beyond: examining the influences of consumer health information needs and practices on local and global health [J]. Journalism and mass communication quarterly, 2017, 94 (2): 515-525.

描述了正在发生的事情并解释了医疗保健中沟通的本质。

（二）监测研究

监测研究实际上追踪人们在做什么，他们从哪里得到健康信息？他们了解多少健康信息？他们在哪里感到困惑？有哪些沟通渠道？他们最信任的信息来源是什么？从基础研究和监测研究中获得信息来为制定干预措施做铺垫。

（三）干预研究

干预是一种策略，用来解释信息。监测研究显示哪个环节运作不佳，再据此确定需要干预的人群，改变人们的沟通方式以尝试改进，再制订和实施计划，以便查看是否可以做出切实的改进。

（四）应用程序和程序交付

健康传播研究其实是一个知识综合体的相互转化。转化意味着它将研究结果转化为有助于解决重要健康问题的项目政策实践和技术。

将基础监测和干预研究相结合可以获得综合的知识。人们学习新事物，不仅是学习基础知识或者描述性知识，还学习如何改进信息传递以改进健康传播应用程序和程序交付，由此可以改进卫生政策计划和实践并改善公共卫生。

整体来说，这个模型是暗示和洞察研究计划的基本原理和方向的基础。这项研究的重点是信息。信息至关重要，不仅对于医疗保健消费者，而且对于运行医疗保健系统的医疗保健提供者也是如此，相关的健康信息是任何人都可以拥有的最重要的工具和资源，可以增加对健康威胁的复杂健康风险以及如何有效应对的理解。相关的健康信息是先决条件和有效应对全球健康威胁的必要因素。所以这不仅是个人问题，也是一个全球性问题。

二、提供最适合的健康促进活动、方案和疗法是有效应对全球健康威胁的前提

"洞察"（INSIGHTS）是建立在HINTS研究项目上的其中一项计划。INSIGHTS不仅给人们以暗示，而且使人们真正了解当下正在发生的事情和可以使用的深度信息，因此，利用洞察力进行构建国际研究调查全球健康信息趋势是极为有利的。

HINTS研究计划收集有关公众获取和使用健康信息的代表性国家美国的数据，以指导健康决策和行为，包括确定特定的信息差距和需求。政府卫生机构、公共卫生部门和卫生保健提供中心使用HINTS数据来指导针对高危人群的循证健康促进干预措施的开发和实施，以及评估过去的健康教育工作和测试重要的健康状况促进假设和理论发展。

（一）HINTS的主要内容

（1）具有代表性的全国成人样本

（2）生成国家概率估计

（3）监测和评价研究

（4）重复测量设计（截至2020年进行了12轮问卷调研）

（5）反思居民需要/使用公共卫生信息的差距

（6）识别不断变化的健康信息搜索趋势和实践

（7）确定首选渠道来源和消息

（8）识别公共卫生问题和风险

（9）核心健康信息模块和专题模块

（10）多种数据收集格式：CATI（计算机辅助电话调查）、邮件、线上/面对面（问卷和访谈）

人们越来越多地使用社交媒体，在美国获取相关健康信息提出问题，随着数字信息技术系统的迅速扩展，HINTS的研究团队想知道存在什么样的变化趋势和实践、信息首选渠道是什么。

在HINTS研究中，研究者划分了许多不同的模块，且始终保留相同的核心模块以获取信息，面对新出现的健康问题研究人员可以切换模块并添加新模块。研究团队还在美国使用多种数据收集方式，例如，计算机辅助电话采访（CATI），但在美国加班的人不太可能回答，主要是因为越来越多的电话营销，使人们非常抗拒被电话打扰，所以研究者开始使用短信和在线平台收集数据。

（二）HINTS调研的开创性意义

（1）唯一的一个致力于监测美国成年人健康沟通的影响和变化的国家监测工具

（2）唯一侧重于癌症、卫生传播和卫生信息环境（包括卫生信息技术的使用）的人口级调查

（3）提供揭示性数据，以确定和解决关键人口之间的严重卫生信息差距

（4）开放获取研究成果和数据（任何人都可以使用现有研究的数据，鼓励学者利用这些数据进行自己的研究）

三、INSIGHTS研究项目的具体阐释

（一）INSIGHTS研究项目的具体实践步骤

（1）确定研究伙伴的资金来源

（2）确定目标样本的抽样方法

（3）确定最佳的调查管理策略

（4）适应东道国的调查工具

（5）翻译测验调查（效度/信度）

（6）中试管理和分析计划

（7）完善调查工具和方法

（8）在全国范围内将INSIGHTS项目制度化

（9）跨INSIGHTS项目协调

克雷普斯教授表示，对于当地的医疗保健系统来说，美国的医疗保健系统是一个以营利为目的的医疗保健系统，而在中国则不同。在中国，医生会使用中医药，而在美国的医生则很少使用。[1]

（二）INSIGHTS项目的发展情况

（1）中国大陆（HINTS-China 中国人民大学，北京师范大学）2012年，2017年

（2）德国2018年，2020年

（3）日本2019年，2020年

（4）荷兰2019年

（5）智利2019年

（6）以色列2020年

（7）瑞士2020年

（8）新加坡2020—2021年

（9）中国香港特区2020—2021年

（10）南非2020—2021年

---

[1] KREPS G L, YU G M, ZHAO X Q, et al. HINTS-China：promoting understanding about consumer health information needs and practices in China［EB/OL］.（2014-09-20）［2022-07-25］. https://hints.cancer.gov/docs/HINTS-Kreps_508c.pdf.

（11）新的调查正在计划中，预计国家和地区有欧洲、亚洲、拉丁美洲、非洲和中东国家，如尼泊尔、希腊、马耳他、秘鲁、哥伦比亚、尼日利亚、肯尼亚、韩国、保加利亚、亚美尼亚、罗马尼亚、泰国、越南、巴厘岛、沙特阿拉伯和新西兰等。

事实证明，大多数国家的调研显示，居民对本国境内的健康问题更感兴趣。但人们生活在一个地球村里，依然有很多全球性的疾病传播（注：如新冠病毒、猴痘等），人们面对的健康问题大多类似，共享信息是必要的。借助于社交媒体平台，人们可以在世界各地进行交流，因此，研究者也需要开始以全球化的方式思考。INSIGHTS项目可以促进或引导全球的公民关注健康问题，也是获取健康信息需求的方式之一。

（三）INSIGHTS项目全球卫生信息需求单

（1）人们获取健康信息的能力如何？
（2）他们收集的信息有多准确？
（3）典型的信息查找实践是什么？
（4）卫生信息需求方面的差距是什么？
（5）哪一种媒体最能提供健康信息？
（6）人们喜欢如何接收健康信息？
（7）最常用的沟通策略是什么？
（8）哪些沟通策略可以最有效影响健康行为？
（9）哪些策略最具有成本效益？

健康信息的主要来源值得重视。这一点非常重要，当研究者在为不同国家开发新项目时，可以利用人们最熟悉的渠道和机制来了解哪些传播策略在影响健康行为方面最有效，所以，健康传播不仅是一种纯粹的传播活动，也是一项社会影响活动。此外，全球健康风险值得格外关注。克雷普斯教授认为健康传播问题的交流是一种公共外交形式，健康问题是每个人都关心的话题，降低健康风险需要大家共同努力，世界需要更多的全球和国际合作，而INSIGHTS计划将成为促进更好的国际关系和信息共享的方式之一。

（四）INSIGHTS项目的具体研究目的

（1）跨越国界检查卫生问题
（2）确定共同的全球健康风险
（3）设计具有文化敏感性的卫生干预措施
（4）完善当前的健康促进计划
（5）促进多国卫生协作
（6）发展全球研究/干预项目
（7）维持最佳全球健康促进做法
（8）适应新出现的健康问题

此外，克雷普斯教授希望能够开发出具有文化敏感性的健康促进干预措施，以便更多地了解每个国家的独特沟通实践和偏好以及规则和规范。

研究者需要弄清楚什么是最好的方法，什么是最好的程序，以及如何改进等。已经拥有的认知经验和INSIGHTS将帮助研究者做到这一点。克雷普斯教授希望促进更多的跨国卫生合作，使用洞察数据来指导国际健康促进工作，并希望开发更多的全球研究和干预计划。

不同的健康风险和问题在世界各地增长、演变和传播，要适应和处理这些问题，需要针对不同国家的不同受众做出适当的快速干预。克雷普斯教授在未来预计使用INSIGHTS来识别共同的全球健康风险和威胁、检查共享的健康信息需求、开发基于实际情况的有针对性的健康传播计划、完善当前的健康传播计划，维持效果最好的程序并使它们成为一个持续的部分，在不同国家之间扩展使用、促进国际关系等。克雷普斯教授对此充满希望，他相信INSIGHTS研究可以有助于实现这些目标。

（五）INSIGHTS项目的健康促进措施

（1）注重长期健康改善

（2）强调细化政策和实践

（3）松弛社区资源的识别

（4）使用数据指导干预策略

（5）仔细评估精练干预措施

（6）与社区成员一起工作

（7）制度化的最佳实践

克雷普斯教授指出，需要不断完善政策和实践，不能满足于现阶段的状态，人们当下对媒体的使用其实就是对技术的使用，沟通规范和实践改变了人们的健康促进政策，实践也必须改变。需要确定社区内可用的资源类型、有什么样的智力资源、人力资源和财政资源，需要弄清楚如何持续利用数据来指导干预策略，值得注意的是，干预往往是基于感觉到的需要，但没有大量证据，因此干预并不总是有效，需要与社区合作，将这些最佳实践制度化，并利用我们获得的信息帮助系统中的卫生机构和医疗保健消费者提供医疗保健。

为全球健康传播知识的快速发展开发基础设施是克雷普斯教授的长远目标。为测试新的沟通策略模型和工具，克雷普斯教授想向迫切需要这两个提供商的信息的关键受众来传播共享相关信息，服务消费者，实施最佳的健康传播实践。在本地和全球范围内，这是一个发现、开发和交付的过程。克雷普斯教授认为这种工作可以极大地改善全球健康。

（六）INSIGHTS项目的具体实践目标

（1）为快速发展基础设施

（2）全球健康知识传播

（3）测试新的沟通策略模型和工具

（4）向主要受众传播相关信息

（5）实施最佳健康传播做法

（6）问题发现、工具开发、成果交付

健康传播是一个应用非常广泛的研究领域，它研究了传播在提供护理和促进健康方面的作用。因此，它是一个与寻求和提供医疗保健和健康促进服务的人最相关的领域。医疗保健行业越来越认识到沟通的重要性，这使得健康沟通领域越来越重要，受到健康从业者和医疗保健消费者的欢迎。多年来，健康传播研究和实践日益成熟，越来越多的学者研究健康传播问题，对健康传播研究、政策制定等健康传播应用和技术的支持也越来越大。健康专业教育领域（医学、护理、药学、牙科、公共卫生、咨询、社会工作、卫生保健管理等）都将交流作为一个重要（甚至必不可少）的研究领域，现在有许多健康交流学者与这些健康专业教育领域合作。健康通信技术已成为现代医疗保健系统的核心部分，但迫切需要学习利用和设计这些技术的最佳方法，以便它们能够增强通信。健康传播领域越来越关注研究健康技术设计和使用的问题。COVID-19（新型冠状病毒感染）大流行确实加强了数字通信对于传播健康信息、提供社会支持甚至提供医疗保健的重要性，因为大多数人都待在家里以避免传染，因此依赖于使用在线通信系统。这对于电子健康、数字健康通信的研究来说是一个福音。

在健康沟通和风险沟通的区别方面，健康风险交流是健康交流领域的一个重要研究领域。它直接关系到疾病预防和控制，以及有效应对突发卫生事件。健康风险沟通不仅与传染病（如COVID-19等）有关，而且与对健康的环境风险（如飓风、洪水、海啸、地震和火灾等）、恐怖主义行为、战争和其他形式的暴力有关。健康风险沟通还涉及来自遗传因素、日常环境因素（如污染、接触化学品和致癌物等）、老龄化、交通等方面的健康风险。沟通是告知人们健康风险、识别和避免健康风险的最佳方式也是应对这些风险的最佳方式的重要过程。

【翻译整理：张恩雨】

第二节 健康宣传运动信息设计：理论与实践

【本节要点】

本节在理论层面介绍了什么是宣传运动和健康宣传运动，以及健康宣传运动中产生效果的基本理论模型和总体框架。其中，设计一个健康宣传运动涉及的步骤包括：界定健康宣传的目的、选取策略、选择合适的传播信息渠道和实证研究等。作者提示在设计过程中要相信常识、小心"知识诅咒"（curse of knowledge），并从定义、模式、不同标准等方面详细介绍了支持健康宣传运动的三个理论，分别是行为理论（behavior theory）、信息处理理论（information processing theory）和信息效果理论（message effect theory）。行为理论告诉我们信息应该包含什么样的内容，信息处理理论提示怎样用受众信息处理模式来指导信息选择，信息效果理论预测特定策略的接受程度。在实践层面，作者从美国禁烟宣传运动入手，展示了许多健康宣传运动的实例，并指出，从美国禁烟宣传运动的经验来看，健康宣传运动一定要了解受众、基于理论和研究、富有创造性和与时俱进。

【作者简介】

赵晓泉，美国乔治梅森大学传播学院教授，研究领域为健康信息设计与效果、公共健康活动评估、健康信息寻求、健康信息差别对弱势群体的影响、新闻对健康和风险感知的影响等。曾在传播学、公共卫生和环境科学领域的主要期刊上发表多篇文章。

一、健康宣传运动概述

什么是健康宣传运动？我国历史上曾有过许多宣传运动，其中便包括不少涉及健康传播的宣传运动，比如，新中国成立前的"新生活运动"和新中国成立后的"爱国卫生运动"，再比如，新冠病毒感染疫情大流行背景下的防疫宣传攻势，这些都可以被称作健康宣传运动。

（一）健康宣传运动的特点

1.通常带有目的性

健康宣传运动是有目的、有组织的，并非随意偶然的，其目的在于"灌输新的理念知识"（inform）、"劝说并改变受众的态度"（persuade）或"激励受众改变行为"（motivate behavior changes）。在上述三种目的中，最重要的莫过于"激励受众改变行为"——当人们不再为温饱、基本营养和医疗卫生基础设施等问题担心时，"行为"便成为影响健康的最主要因素。当下许多健康和健康传播的问题，其根源主要在于人们的行为，如避孕、锻炼等，因此"激励受众改变行为"始终是健康宣传运动中最为重要的目的。但我们也必须认识到，并非所有健康传播运动都能够一蹴而就，行为的改变其实是非常困难的，其中会涉及诸多步骤和过程。

2. 通常有界定明确且规模较大的受众群体

"受众群体"是个必须厘清的概念，很多时候我们会认为宣传运动是面向全社会的，但事实并非如此，多数宣传运动面向的群体只是某个比较特殊的群体，如驾驶员等。

3. 通常有持续的时间

很少会出现无限期延续下去的健康宣传运动，即便存在，这一运动可能也是由诸多小的、局部的、阶段性的宣传攻势组成的。以爱国卫生运动为例，多年来爱国卫生运动会有许多不同的主题，所以爱国卫生运动这个整体也是由多个不同的宣传活动构成的。尽管存在持续时间较长的宣传运动，但大多数情况下宣传运动持续的时间都比较有限，多数可能是一两年，较长的也可能达到5至10年。宣传运动通常是基于当时特定的语境和时代需求而产生的，因此用于宣传运动的资源总是有限的，一旦预算用完或者阶段性目的达到，宣传运动就可能结束。

（二）健康宣传运动的核心

对健康宣传运动而言，最核心的内容始终是"传播"，因此健康宣传运动的主要武器是通过大众媒体和社交媒体来组织和传递信息。但除了媒体渠道外，许多其他因素也能够影响传播，比如个体间的交流和互助（interpersonal support）、结构性干预（structural intervention）。假如想要鼓励人们锻炼或鼓励人们食用健康食品，光有劝诫和说服是不够的，还需要为人们提供这方面的资源，让大家有机会能够接触到。比如，鼓励大家食用健康食品，不仅得降低它的价格，还得让人们能在居住环境中便捷地买到这类食品。再比如，鼓励大家锻炼，必要要先确保有足够的锻炼场所，如果大家都住在没有公共活动空间的建筑里，鼓励人们锻炼便只能是一句空话。

（三）健康宣传运动的步骤

设计健康宣传运动的步骤大致如下：第一步是界定健康宣传的目的。行为改变是健康宣传运动中最为重要的目的之一，但并非所有健康宣传运动都要指向这一目的，因为并非所有健康宣传运动都能够直接改变行为，很多时候人们需要的只是一些阶段性的成果，比如认识运动（awareness campaign），它的目的不在于直接改变行为，而是提高人们的认识。再比如，社会规范运动（social norming campaign），这类宣传运动也不是为了直接改变行为，而是要改变人们对社会规范的认识。所以目标是多样的，需要根据实际情况来制定。第二步是制定信息策略。第三步则是通过适当渠道传播活动信息，通过合适的途径和媒体渠道来散播运动资讯。

以上三个步骤是有先后顺序的，但综观上述步骤，实证（research）始终是其中最核心的部分。健康宣传运动是离不开实证研究的，实证研究可分为形成性研究（formative research）、过程性研究（process research）和总结性评估（summative evaluation）。形成性研究主要强调在宣传运动设计的前期，研究者要做一系列研究来了解受众，以厘清我们宣传攻势的策略，分析何种信息会更富有成效；过程性研究是指在健康宣传运动的过程中监测健康宣传运动的展开；总结性评估是指在健康宣传运动展开以后分析运动产生的效果。因此，实证研究是健康宣传运动中最为核心的环节。

信息设计不仅是一门科学，还是一门艺术。人们可以用科学来把握信息设计，但同时也不能忽略创造性。本节主要着眼于"科学"的部分，主要介绍一些相关理论和一些具体到健康传播运动信息设计的实证方法。

二、健康宣传运动信息设计：理论与实践

在介绍理论前，我们需要掌握以下两点：第一，要相信和尊重常识；第二，要警惕"知识诅咒"。知识诅咒是指人们一旦掌握某个知识，就很难想象不知道这一知识会是怎样的感觉。比如，人们都知道1加1等于2，但如果有人不知道1加1等于2，我们就会感到难以理解，难以进行有效沟通。在健康传播活动中，这是一种常见的现象，健康传播活动的设计者平时关注和了解的知识会很多，所以设计者通常会认为"这么简单的事情大家怎么会不理解呢？大家怎么会做不到呢？"这其实是错误的行为。在进行健康传播时，设计者一定要把自己摆在受众的角度，不要总觉得他们应该知道什么，而是应该了解他们现在知道什么、他们需要知道什么，以及我们要如何帮助他们获取更多的信息、如何改变他们的观念和行为等。

以下列举几个反面教材：第一个例子是2019年美国南达科他州发起的一项禁毒的健康宣传运动，海报（图1-2-1）写道"Meth，I'm on it"。健

图 1-2-1　2019 年美国南达科他州禁毒的健康宣传海报

康传播设计者的原意肯定是指Meth（冰毒）在南达科他州是一个严重的问题，该州的居民要齐心协力来应对和解决这一问题。因此这里的"I'm on it"其实是指"I'm working on it"，即"我正在努力去做（解决问题）"。但该宣传语却容易产生歧义，在英语中"I'm on it"可能会被理解为"我正在使用"，所以这一宣传运动随后广受质疑和嘲讽。尽管主持该宣传运动的政府工作人员认为只要引起了公众的注意，即便产生歧义，也达到了很好的禁毒宣传效果。但这仅仅是他们个人的见解，大部分专家、民众都认为这一宣传运动传达的信息是存在问题的，主要原因还是缺乏常识性的审视。

第二个例子也是美国南达科他州发起的一项宣传运动，该运动想要传递的信息是想告诉人们在冰天雪地里开车时不要急打方向盘，否则车辆会容易失控。但设计者在海报标语（图1-2-2）中使用了"Jerk"（猛推，急打方向盘）这个单词，而这一词在英语俚语里却是存在歧义的（意指手淫），因此，这一宣传运动的海报问世后也引起了很多嘲讽和其他负面反应。

图 1-2-2　美国南达科他州的驾驶安全宣传海报

第三个例子是加拿大的某个宣传品（图1-2-3），这一宣传品本意是想告诉大家要多补充维生素D。但宣传品里却写道"We all need the D, even me!"和"I'm in my 30s, who knew I needed to do the D?"，而这个"D"的缩写在英语俚语里同样是有歧义的（意指男性性器官），所以这一宣传标语也同样引起了争议。

图 1-2-3　加拿大某保健品宣传广告

看完上述例子后，我们可能会疑惑：宣传品的设计和制作者难道对此没有丝毫察觉吗？这其实也恰好反映出这些宣传运动设计和制作者常识性审视的缺乏和知识诅咒对其的影响。由于长期深入接触健康信息，他们看到此类宣传品首先想到的只会是其中蕴含的健康信息，而并不会考虑到其中可能产生的歧义和其他隐含信息，因此，他们已经缺乏了从老百姓视角进行审视的能力。尽管他们为这些宣传运动投入了大量人力物力，但这些宣传品最终都成了公众的笑料，没有发挥它应有的作用。

（一）健康宣传运动信息设计的理论

在健康宣传运动信息设计中的理论支撑方面，目前主要有三套理论：一是行为理论，二是信息处理理论，三是信息效果理论。

1.行为理论

在很多时候，公共卫生或其他健康方面问题的根源都在"行为"上，因此，理解行为非常重要。在相关经典文献里，行为理论尽管经常被提及，但真正有较大影响力的却并不多，其中较有名的主要包括理性行为理论（theory of reasoned action）、计划行为理论（theory of planned behavior）、健康信念模型（health belief model）、社会认知理论（social cognitive theory）和改变阶段理论（stages of change）等。2000年左右，菲什宾（Fishbein）集众家所长提出了一个整合模型，但这一理论的主要框架还是理性行为理论和计划行为理论。

在该模型中，最终目的地是行为（behavior），而行为是由意愿（intention）来左右的，意愿又被态度（attitude）、社会规范（norms）和自我效能（self-efficacy）影响。因此，态度、社会规范和自我效能会决定人们的行为意愿，人们的行为意愿又会决定人们的行为。在此过程中，行为意愿和行为之间的关系也会受到其他因素的影响，比如，环境因素（environmental factors），这一点类似"你居住的小区有没有公共活动场所？""你家附近的超市卖不卖新鲜的蔬菜？"等，这些都能影响到意愿和行为之间的关系。此外，影响因素还包括技能（skills）和能力（abilities）等，比如"你生理上有没有能力来从事某项体育运动？""你有没有经济能力来购买营养比较丰富的食品？"这些也都会影响到意愿和行为之间的关系。

模型中的"态度、社会规范和自我效能"也值得关注。整合理论认为上述三者均受到信念（beliefs）的支配。例如，态度会取决于人们对某一行为可能导致的结果的系列评估。假如一个人想要锻炼，他会在锻炼前思考："锻炼后我会不会更精力充沛？会不会感到疲惫？会不会没时间做其他重要事情了？会不会因此身材变好……"以上都是人们对锻炼结果的评估，每一种结果背后都有着对应的可能性，比如，对于"会不会因此身材变好"这一结果，我们会进行评估锻炼对减肥的可能性究竟有多大，有的人可能会认为能够减重不少，有些人则可能会认为无论如何运动也无法减肥。此外，我们对结果的好坏进行评估，大多数人可能会认为运动对健康有益，但有的人会认为过度运动会损害健康，还有的人会认为运动会迫使他们花费金钱来购买器材，因此，会对运动持消极态度。同样，社会规范也会受到诸多信念的影响。例如，在戒烟、锻炼等话题上，某些对人们而言非常重要的社交关系会影响其对社会规范的认识，比如"他们的看法是怎样的？""他们会不会支持我？"等。自我效能方面亦是如此。很多具体的信念会影响我们的自我效能，比如，在朋友聚会是否喝酒的问题上，我们的自控力和自我效能感在不同情况下会有所不同。人本身的自控力、有朋友在场时的自控力、独自一人时的自控力、处于兴奋状态下的自控力都是有所差别的，不同的信念会对我们的自我效能产生不同的影响。

因此，信念构建起我们的"态度、社会规范和自我效能"。而态度、对社会规范的认知和自我效能又会支配我们的意愿，意愿最终又会支配我们的行为。这便是这一整合理论中最为核心的观点。这一理论启示我们：进行健康宣传运动信息设计时，我们需要识别出对受众真正有意义的、对行为最有支配力的信念，并要在信息设计过程中着眼于加强和改造这类信念。

除了理论外，实证也是健康宣传运动中非常重要的内容。在实证方面，我们需要有一个总体策略来帮助我们通过问卷调查来找到健康宣传运动的目标信念。霍尼克（Hornik）团队在20年前便提出了这样的策略，他们认为选择健康宣传运动的目标信念需要有三个标准：第一，信念必须和行为或意愿有较强的相关性。如果缺乏相关性，人们基于这一信念所持有的立场将与其意愿和行为没有太大关系。第二，信念必须要有可以改变的余地。某些已经"到头了"的信念是不利于宣传的，比如，人们普遍同意或者都不同意的信念。因此，我们需要在分析时判断信念在目标受众中的受支持程度。在信念的选择上我们更推荐选择一些受支持程度偏中等的信念，如果信念过于极端，无论正面还是负面，都不适用于健康宣传运动的信息设计。以上两个标准都可以通过实例来进行验证，但，第三个标准却无法做到这一点。第三个标准要求我们设计的信息要能够改变人们头脑中的信念，即信息的设计要有"艺术"。这一点光凭科学是不能完全解决的，还需要具备创造性思维。因此，许多大型的健康宣传运动其实并非全是由研究人员来控制的，而是通过研究人员和广告工作者携手努力来实现的。这些广告工作者在"艺术"方面，往往能发挥出比研究人员更重要的作用。

2.信息处理理论

信息处理理论也是非常重要的一套理论。信息处理理论主要关注受众如何分析和处理宣传运动的信息。信息处理涉及的相关理论有很多种，其中较为经典的是效果层次模型（hierarchy of effects model），有时也被称为传播与劝说模型（communication and persuasion model），该理论有的时候会被总结成一个相对比较简单的表格，但对健康宣传运动和劝说学却极其重要。效果层次这个概念告诉我们，开展健康宣传运动绝非易事，最终的行为改变要通过很多中间效果的实现，每往下走一步，我们就往前进了一步，但每前进一步，我们又会损失一些受众，宣传的效果和力度也会随之减弱。

长久以来，美国的健康宣传运动主要是倚仗媒体的"捐赠"开展的，我们在媒体中播出健康宣传信息的时间大多是由媒体自愿贡献出来的。而媒体本身作为一种产业，在美国是不受政府支配的，因此健康宣传信息能否在媒体渠道中播出，很多时候是由媒体来决定的，我们自己并没有发言权。随后相关研究发现，这些所谓的"捐赠时间"实际上多为凌晨3点等没有观众的无用时间，在此时间段进行健康宣传活动并不能产生很好的信息接触，而信息接触是信息处理的起点，很多宣传运动收效甚微就是因为没有能够产生有意义的信息接触和处理。

3.信息效果理论

信息效果理论（message effects theories）关注的核心问题是，对于目标受众而言，怎样的信息策略能够起到比较好的效果？比如，我们在选择情感诉求时会考虑具体使用何种情绪，是选择恐惧、愧疚、希望还是幽默?在信息框架设计上,是凸显获得还是失去,是突出利己还是利他?在叙事手法方面,是选择个人陈述,还是娱乐教育?是采用"一面说理"还是"两面说理"?是考虑将信息设计得丰富多彩还是平淡?是选择直白地表达信息还是含蓄不说透,让受众自己来理解?因此,在信息设计时,我们需要权衡和决策的内容其实有很多。

例如,在涉及恐惧诉求时,扩展的平行过程模型(extended parallel process model)是近20年来健康传播研究中广为运用的一套理论。根据这一理论,恐惧诉求的信息中需要包含两个部分,一部分是威胁(threat)的成分,另一部分是效能(efficacy),即我们在运用恐怖诉求进行健康传播时需要给人们提供释放的途径和解决问题的方法。威胁部分会使人们有动力作出反应,而效能部分则会决定这种反应的性质。当威胁不足挂齿时,人们是没有动力来作出任何反应的。而当威胁比较显著时,由此会产生两种可能:一是危险控制,即当宣传的信息给人们提供了比较好的问题解决方法时,受众就可能会把注意力转移到问题本身,来关注如何解决这一问题;二是恐惧控制,即如果宣传的信息没有给受众提供有效的问题解决方法,受众就可能会把注意力从问题本身转移到他们的恐惧上,此时又可能会产生两种不同的后果,要么受众选择接受信息中给出的建议,比如选择戒烟;要么会引起受众的一些不良后果,比如否认这一健康问题的存在。

借用卡佩拉(Cappella)在2006年提出的观点对上述理论进行一个简单总结:首先,"行为理论告诉我们应该传达什么样的信息",尽管行为理论字面上是关于行为的,但它对健康宣传运动的信息设计有着非常重要的指导意义,它告诉我们信息应该指向什么样的信念,信息应该包含什么样的内容。其次,"信息处理理论利用受众的信息处理偏好和一般信息特征来指导信息选择",信息处理理论告诉我们如何运用受众的信息处理模式来指导信息设计,如果受众是注意力偏低的一群人,比如,那些认为宣传运动提到的信息和他们没有太大关系的人群,我们在信息设计时就必须设置更多的特点来吸引他们的注意力，使他们产生兴趣；如果受众的教育水平和理解能力偏低，信息设计就不能过于复杂，否则受众在理解时将可能存在障碍。最后，"信息效果理论能够预测特定信息策略的接受程度"。例如，对于恐惧诉求，我们必须充分考虑受众的接受程度和效果类别。

综上，以上三种理论的有效整合能为我们健康宣传运动的信息设计提供很好的支撑。

（二）健康宣传运动信息设计的实践案例

1. 来自"老烟民"的提示（Tips from former smokers）

第一个例子是美国疾病控制与预防中心发起的名为"Tips from former smokers"的控烟宣传运动，目标受众主要是18—54岁的成年吸烟者，这一宣传运动始于2012年，是美国一个全国性的、通过购买电视网络时段来播放的宣传运动。这一运动每隔一段时间就会对宣传的广告视频进行更新，其中，最为经典的一个广告主角叫作Terrie（苔莉），是在美国控烟领域内富有声誉的一位女性，这一视频主要讲述了Terrie每天起床出门前要做的准备工作。由于长期吸烟，Terrie罹患了喉癌，她的声带也因此被切除，喉部也因手术而留下一个"洞"，所以每天出门前，她都需要先佩戴假发，用围巾遮住喉部的开口，只有在做完一系列烦琐的准备后才能开启一天的活动。

这个视频并没有直接告诉受众吸烟的危害，因为设计者明白人们已经看过太多吸烟危害的信息，对此可能已经感到疲乏，因此，并没有一味地强调吸烟的危害和后果，而是选择着眼于生活中的各种场景，如由于吸烟罹患喉癌，喉部的"洞"让Terrie洗澡只能背对淋浴喷头，喉部的"洞"让Terrie无法使用喷射式油漆等。这种特别的信息设计方式不仅使受众有效意识到吸烟带来的危害，还摒弃了传统恐惧诉求的老路，用平和的语调娓娓道来持续吸烟对生活质量的影响。

根据美国疾病控制与预防中心的调查研究，2012年至2018年期间，约有1600万烟民受该控烟宣传运动的影响而尝试戒烟，并最终约有100万烟民成功戒烟。尽管美国疾病控制与预防中心每年在该控烟宣传运动上投入资金高达千万，但统计数据显示通过该宣传运动CDC（美国疾病控制与预防中心）仅需花费2819美元即可挽救一条生命，从经济学和宣传运动的角度来讲，美国疾病控制与预防中心为控烟花费的代价是非常合理的，仅用较小的代价挽救了大量生命，这笔开销显然是非常划算的。

2. "真相"运动（The truth campaign）

第二个案例是一项名为"The truth campaign"的宣传运动。与美国疾病控制与预防中心的例子有所不同，这是一项面向未成年人发起的宣传攻势。该宣传运动最初于1998年在美国佛罗里达州试点，2000年左右推广至全国，并成为全美最具影响力的全国性宣传运动之一。由于历时较长，该运动所传达的信息也发生过多次变化。

以下几个广告案例便能充分反映同一宣传运动在不同历史阶段信息设计的变化。第一个广告是该宣传运动在2000年时所推出的，叙述内容主要是一群青少年将装满尸体袋的卡车停在烟草公司门前，并把尸体袋堆放在公司门外，怒斥烟草公司生产的香烟每天都会夺走无数人的生命。这一广告的灵感主要源自2000年美国青少年的高吸烟率，相关统计显示当时美国未成年人的吸烟率高达20%，并且不少青少年将吸烟视为一种很酷的、具有反叛性的行为，吸烟也由此成为他们表达自身"独立"意愿的工具。该宣传运动在信息设计时并没有选择同当时青少年的这一心理进行正面冲突，而是对这种反叛的心理和情绪作出引导，将这种反叛指向烟草工业（2000年左右，烟草工业的欺骗性常被当作控烟宣传运动的主题，烟草工业在诸多宣传运动中被刻画为一种杀人无数的工业），因此，这一广告片最终也大获成功。

在沉寂许久后，"The truth campaign"宣传运动在2014年又推出了一拨新的广告片，这一时期美国的控烟情况已经发生了较大变化，此时美国的未成年人吸烟率已从20%降至8%。在对受众进行充分分析后,该宣传运动发现时下的青少年已不再将吸烟视为一种很酷的行为,青少年吸烟者反而会被认为是"问题人群",因此青少年吸烟者越来越被孤立为少数,青少年吸烟率也由此达到历史新低。在此背景下,该宣传运动推出了一则名为"Finish it"的广告片,在一定程度上这一广告片是对2000年广告片创意的延续,它针对的对象仍然是烟草工业,但这一广告又体现出创意的转变,它所强调的点主要在于"我们这一代人是能够成为结束烟草使用的一代人,能把吸烟率从8%降到0%"。

在此之后,该宣传运动还推出了不少富有成效的广告片,尤其是2016年推出的一则广告,很好地诠释了健康宣传运动信息设计的延续与转变。在广告延续性方面,以上几则广告都强调吸烟是一种社会活动,但2016年的这则广告与此前的广告相比在风格上显然发生了很大转变。2000年时,吸烟被视为一种个体行为,人们会认为吸烟是一种很酷的行为。而在十多年后,许多人的吸烟不再是一种个人行为,而是在某些社交场合中的社会行为,这种社交性的吸烟实际与当时烟草工业选择借助网络人物在社交媒体上进行烟草宣传的策略相关,因此,"The truth campaign"宣传运动选择"以其人之道还治其人之身",他们同样招募了许多网红来参与控烟音乐视频的制作,这便迎合了当时青少年文化的发展趋势。这种倚重网络明星进行宣传的方式,目前也是广告策略中一种富有效果的方法。从效果评估上来看,"The truth campaign"宣传运动公布的数据显示,2000年至2004年该宣传运动直接让45万青少年远离了烟草,2015年至2018年间这一人数更是达到了250万。

3.真实的代价(The real cost)

第三个案例是由美国食品药品监督管理局(FDA)支持的名为"The real cost"的控烟宣传运动。美国食品药品监督管理局是美国烟草控制的权力机构,在美国经济中占据重要地位。根据相关调查数据,美国经济中每1美元里约有25美分与美国食品药品监督管理局相关，这种相关性也自然包含了烟草行业。

美国食品药品监督管理局在2014年开展了一系列宣传运动，既有面向青少年全体的，也有面向少数族裔青少年、LGBT（同性恋、双性恋或跨性别族群）年轻人等细分群体的。根据美国食品药品监督管理局的受众分析，美国2500万未成年人中约有1000万属于"高危人群"，这一高危人群主要包括两类：一是已经开始尝试使用烟草，但还未真正成为烟草上瘾者或长期使用的烟民；二是还未开始使用，但已经产生使用倾向的人群。在细致研究后，美国食品药品监督管理局发现信息设计中某些特殊"信念"对宣传运动的效果有很大影响，比如"如果我吸烟，我会被烟草控制、过于依赖、牙齿松动、有皮肤问题、吸入化学物质"。他们在研究中发现，尽管吸烟带来的健康影响仍是劝服未成年人远离香烟的有效内容，但青少年关注的健康风险并非肺癌、心脏病等常被提到的疾病。对青少年而言，他们并不会把眼光放得这么长远，而只会关心一些眼前的问题，比如，吸烟会不会改变他们的容貌，会不会让他们的牙齿变黄，会不会让他们过早衰老，或者香烟中是否有某种物质会对他们产生即时性的影响。

美国食品药品监督管理局在这些宣传运动中推出过诸多优质广告片，比如，运用拔牙的音效集中体现吸烟对牙齿危害；通过合同、契约的形式，传达"吸烟会失去自由和尊严"的观点等。从效果评估角度来看，美国食品药品监督管理局开展的"The real cost"运动是很成功的。根据相关数据，2013年至2016年间，有38万—59万的11—19岁青少年受该宣传运动的影响而远离了烟草。从经济学角度来看，"The real cost"的系列宣传运动总计为美国节省了近3100亿美元的开支，根据相关统计，每向该宣传运动中投入1美元，美国社会就能获得128美元的回报，因此，这同样是一个相当划算的宣传运动。

综上所述，根据美国健康宣传运动的经验，我们在进行健康宣传运动的信息设计时需要尤其注意以下几点：第一，务必了解自己的受众；第二，需要做到理论和实践的结合；第三，牢记健康宣传运动信息设计不仅是一门科学，还是一门艺术，需要有足够的创意来支撑宣传运动的开展；第四，宣传运动的信息设计始终是与时俱进的，每个时间段的信息设计都有着各自的特点，要不断根据图景的变化对宣传运动进行适时的调整。

【翻译整理：周柯宇】

第三节　在线支持社群：传播过程与健康结果

【本节要点】

随着互联网技术和线上社群平台的发展，人们可以更加容易获得关于健康问题的社会支持，该节主要阐释了在线社会支持团体如何影响健康行为，健康社会支持团体的优势在哪里，在线社会支持研究中常用的理论框架有哪些，并且通过健康相关的在线社会支持的经验研究来论证和探索在线支持社区干预的未来研究方向，以及该领域研究的挑战。

【作者简介】

凯文·B.怀特（Kevin B. Wright），乔治梅森大学传播学院教授。怀特教授博士毕业于俄克拉荷马大学，研究兴趣包括，面对面传播及媒介传播过程中的社会支持和健康结果、医患关系、新媒体与健康，以及其他健康传播的研究问题。发表文章百余篇，出版或合著七本著作，包括 *Health Communication in the 21st Century*

(《21世纪的健康传播》)、*Computer-Mediated Communication in Personal Relationships*(《人际关系中的计算机中介沟通》)等。

近20多年来，随着媒介技术的发展，健康有关的在线支持社群也在增长。笔者在1990年开始研究与健康有关的在线支持社群，当时互联网上可能有几千个与健康有关的在线支持社区，人们通过公告板类型的平台进行交流，一些人会提出他们的担忧，然后有人会回应他们；随着时间的推移，开始有更多的同步小组，人们在线实时沟通，并且这些社区的数量不断增加。从2000年开始，这些社区的数量急剧增加，与社交媒体平台的发展同步，笔者从此时开始关注面对面的人际支持团体，特别是匿名社区，并且思考互联网将如何改变社会支持的性质。

早在20世纪90年代，当时没有问卷网站平台可以做在线调查，而现在的研究工具更加便捷。从2000年开始，在线支持社区基本上可以通过手机应用来进行访问，所以越来越多的人通过智能手机和移动应用访问这些社群和平台，所以在社交媒体平台上有许多类似的社群，如Facebook等，或者在中国的一些社交平台，如微信等。具体来说，人们可以获得关于健康问题的社会支持，有团体的人支持彼此，世界的不同地区亦是如此，所以社会支持成了一个全球性现象。

一、在线社会支持社群如何影响健康行为

生活中的压力与健康问题有关，如酗酒、艾滋病、饮食失调、精神健康以及其他健康问题。健康问题给许多人带来了非常大的压力，回到我们身体生理过程的四肢系统来看，压力对我们的健康的影响是负面的。

压力可以有积极的影响，压力有时也意味着动力。但它也触发了身体

内的一些过程。大家可能都熟悉战斗或逃跑的反应，这是说有机体经一系列的神经和腺体反应将被引发应激，使躯体做好防御、挣扎或者逃跑的准备。一些疾病，如感染COVID-19或者酗酒，这些事情产生了很多的压力，这些压力以消极的方式影响着人们。在心理层面上，心理对于压力的反应是身体反应行为的前提条件。在生理过程方面，由于环境刺激和相关信息，感觉神经察觉到我们身体的变化，将这一信息传递给大脑。具体过程是：边缘系统激活了下丘脑，从而控制身体的压力反应系统；与边缘系统相关的神经元通过血液中的神经递质调节心血管活动和免疫系统，这些神经递质会触发释放化学物质，如肾上腺素（提供能量）和皮质醇（它能使血管变硬并增加其吸收氧气的能力）。随着时间的推移，皮质醇会损害血管，并允许脂肪营养物质在心脏和动脉中堆积从而导致心脏疾病（动脉粥样硬化）。肾上腺素和皮质醇的长期释放也会干扰身体的免疫系统，增加负面的心理状态（抑郁症）。对许多因为健康问题而经历压力的人来说，这可能导致各种身体和精神健康问题。

因此，一个人在处理健康问题时，不管是何种疾病，他都会有很大的压力，这种压力实际上会加剧身体上的疾病，因为这种压力会导致心脏病等疾病，也可能会导致抑郁症这样的心理状态。总之，可能导致各种身体上的内在健康问题。好消息是，几十年来的研究发现，社会支持可以缓冲或缓和压力的负面影响，因此，当人们有一个良好的社会支持网络时，可以通过求助它来减少压力。通常情况下，人们会求助他们的朋友和家人，以获得社会支持，但有大量的研究表明，强关系不一定是最好的，有时你可能有一个健康问题，而朋友和你的家人并不真正了解这个问题，比如酗酒这个问题。如果你的家人都不是酗酒者，那么他们可能并不能真正理解为什么你过量饮酒。或者你可能无法以舒适的方式与他们谈论一些话题，如，癌症或其他与死亡相关的健康问题。因此，我们研究在线支持团体实际上是如何帮助人们的。研究发现，社会支持与较低的疾病发病率和死亡率、较快的恢复时间以及改善的心理结果有关。然而，社会支持对压力的具体影响过程是复杂的。

传播学中的很多复杂问题都与关系问题有关，无论是面对面人际的形式还是互联网形式，社会支持都有着丰富的类型，包括信息支持、情感支持、工具支持（实际支持）、自尊支持（有效性）、同伴支持以及社会控制。第一，信息支持。举例来说，如果你患了某种癌症，也许你和你的家人朋友可能不知道很多关于它的信息，但你可以在这些在线社区当中看到成百上千的人，他们都患有这种类型的癌症，因此这里可能有很多好的信息对你有帮助，帮助你做出选择。第二，情感支持，是指一个在线社区当中的人们表示同情和理解一个情况和健康问题。第三，工具支持，在线支持的社区中有许多社区实际上也是与面对面人际交流的社区相联系的，比如我居住的地方，我的妻子也在支持社区中，有时她需要的一些东西能够由在线社群的另一位孩子母亲（她可能不认识的人）带给她所需要的、实际的东西。第四，自尊支持是指如果某人患上了被污名化的疾病，比如说艾滋病、酗酒等，在他们的主要社交网络上的亲密的朋友和家庭成员，可能不会真正理解为什么这个人会过度饮酒，也不能理解艾滋病人的生活。但有时在线社区的这些群体可以提供支持，它让个体了解其不是唯一一个在经历这些问题的人，并且这是一个合情合理的话题，这里的其他人可以帮助你。第五，基本上在这些在线社区内大家也会形成友谊，这种也被称为同伴支持。第六，社会控制，这是一种消极的社会支持，是一种亲密关系可能出现的控制，比如，如果有人酗酒，他的家庭成员可能会藏匿酒精饮品，试图阻止他们饮酒过度，而这通常会导致一个人通过负面反应来处理这个特定的问题。

还有一些社会网络分析研究，通过观察节点、中心度或集群，来了解人们的沟通程度。在威斯康星麦迪逊大学的研究中，他们运用社会网络分析法对在线支持的癌症患者进行研究。通过这些研究能够发现人们有什么特点，谁最频繁地交流，谁是潜水者，谁跟随小组讨论，谁不实际参与。所以他们发现了潜水者和积极发言的人之间有趣的差异。比如说，更积极地参与讨论的人，他们更有可能得到其他人的支持，减少了焦虑和抑郁的程度，因此也获得了健康。而潜水者可能会跟随讨论，但是他们并不能获得与积极发言者相同的社会支持和健康结果。所以在社会支持团体中也存在这样有趣的关系，并导致不同的健康结果。

二、健康社会支持团体的优势

（一）获得与大量相同个体沟通交流的机会

20世纪90年代，我们开始关注健康社会支持团体的优势。在线社会支持社区比传统的家人朋友支持有更多的优势。在美国，人们居住在不同的城镇中，在中国也是如此。你可能不认识其他人，但当你患上COVID-19、癌症或其他疾病，你可以进入一个在线社区，发现有成百上千的人都在处理着类似的问题，所以，在线社会支持团体可以看作一个门户，在这里可以找到这些团体提供的与你相似的问题。

（二）获得与健康问题经验相关的可信回答

在一项在线癌症支持小组的研究中，被访者说："大学可以告诉你很多关于癌症和疾病的过程，但他们可能不知道癌症患者具体的生活是什么样的。"笔者认为，很多人都被这样的事实吸引，即他们在这些网上社区遇到其他和癌症抗争许久的病人，并可以为其提供一些可靠的信息。

（三）增加了社会比较的机会

当你看到他人也在经历一个类似的健康问题，比如，你是一个最近才酗酒的人,并想戒酒,看到在这些社区中的其他人,他们已经有10年、15年或20年的治疗酗酒经历,在其中你可以知道他们的戒酒方法和手段,那些戒酒很长一段时间的人能够给人们以希望。又如,在癌症社区中,可能看到有人做得非常好并且他们的癌症得到了缓解,这些人已经和疾病抗争了许久,并且获得了良好的效果。因此,你可以向他们提问并且知道你应使用什么药物、应该如何治疗。所以,笔者认为人们会试图模仿别人,这种行为被称为向上的社会比较。同时也有从向下的比较中受益的行为,很多时候一些人都是已经试图戒酒10年或15年的酗酒者,他们可以看到一些新加入团体的人的挣扎,由于酗酒导致他们的工作、家庭、生活关系都出现了各种问题,这提醒团体中其他人最好不要再开始喝酒,否则他们自己也可能会出现这些问题,这些社会比较是非常重要的。

(四)获得专业化的信息支持

同样,在线社区的人们也可以得到关于特定健康问题非常专业的信息支持。笔者的妻子加入了母乳喂养社会支持小组,笔者和她一起参与团体的面对面讨论会,还有一些医生参加了这一小组,小组中的妇女在谈论的时候,会分享一些基于母乳喂养经验的信息,医生们发现参加这些讨论是很有用的,因为他们了解到了很多关于母乳喂养的实际情况,而这些实际情况可能无法通过阅读获得。

(五)获得增加的情感支持机会

有时,一些疾病很难获得人们的同情心,例如癌症、艾滋病这些疾病经常被污名化,所以如果有人感染HIV,很多时候我们可能会责怪受害者,人们可能并不会产生同情心。当你在一些在线社区中,其他人与你的情况相似,那么你遇到的人可能会对你产生同情心。

（六）减少刻板印象

我们的研究团队还发现，这些网上社区在减少疾病污名化方面做得非常好，当患者由于他人的帮助而感到污名化时，这些团体实际上可以减少污名化，使他们自我感觉良好。

（七）健康行为的维持

这些社区还可以为健康行为的持续提供支持，因此，个人能够保持健康的行为和健康的生活方式，他们可以在数据的基础上求助于这种支持。

（八）弱关系更方便沟通问题

很多时候，与传统的社会支持——强关系相比，在线社会支持具有较少的关系沟通问题。如家庭成员中探讨癌症话题可能会让人不舒服。研究表明，许多癌症患者难以从自己的家人那里得到他们所需要的支持，因为没有人真正愿意谈论这一话题，但网上的人却更愿意谈论这些话题。

（九）表达性和治疗性写作的好处

其他一些研究表明，在线支持社区实际上可以有表达性写作的好处。当你写出你的感受时，它在你的大脑和屏幕上的内容之间建立了一个心理距离，这实际上可以使人们更加内省，了解他们正在经历的事情，并且减少压力和抑郁的情绪。

（十）降低发病率和死亡率

有关在线支持小组的研究显示，这些小组善于降低死亡率和发病率，降低抑郁、污名化的水平，提高心理健康水平。这些小组与更好的健康状况相关，并且使用这些小组的人的抑郁症水平较低、污名化水平较低。因此，这些团体似乎对使用这些团体的人有积极的作用。

三、在线社会支持研究中常用的理论框架

以下列出一些在阅读在线支持社会文献时会经常看到的理论框架。
（1）缓冲模型/间接效应模型（buffering model/direct effects model）
（2）最佳匹配模型（optimal matching model）
（3）社会比较理论（social comparison theory）
（4）弱关系的强度（strength of weak ties）
（5）社会信息加工理论（social information processing theory）

四、健康相关的在线社会支持经验研究

（一）社会支持与健康信息类型的最佳匹配模型

一项发表于2000年的在线支持团体的研究提出，社会支持类型可以分为促进行动的支持和培养型支持，促进行动的支持类型包括信息和有形的支持以及促进减轻压力源的行为；培养型支持（nurturant types of support）包括情感、网络和自尊的支持，帮助个人应对压力源的情感后果。①

该研究借鉴了所谓的"最佳匹配理论"，即"最佳匹配模型"，它可以帮助人们更好地应对癌症。"最佳匹配模型"包括以下四个维度：第一，可取性，压力源有多大可能导致收益或损失。第二，可控性，健康问题可控

---

① RAINS, PETERSON, WRIGHT. Communicating social support in computer-mediated contexts: a meta-analytic review of content analyses examining support messages shared online among individuals coping with illness [J]. Communication monographs, 2015, 82（4）: 403-430.

或不可控的程度。第三，生活领域，疾病对个人或职业关系的影响。第四，结果的持续时间，与疾病相关的时间长度的紧张因素。

提出了研究问题，哪种类型的社会支持信息在与健康有关的计算机辅助传播的背景下最常见？研究假设包括：在研究可控性较强的健康状况的内容分析中，行动促进型的支持比研究可控性较弱的状况的内容分析更常见；在更有可能影响个人关系的健康状况的内容分析中，培养型社会支持比在研究对个人关系影响较小的状况的内容分析中更常见；在对有较大的死亡损失可能性的健康状况进行的内容分析中，养育型支持比在对有较小的损失可能性的状况进行的内容分析中更常见；促进型社会支持在研究慢性病的内容分析中，比在研究急性病或短期病的内容分析中更为常见；在研究污名化可能性相对较高的健康问题的内容分析中，培养型支持研究污名化可能性相对较低的健康状况的内容分析更常见。

采用元分析的研究方法，通过对41项已发表的内容分析的元分析回顾，研究与健康有关的在线环境中分享的社会支持信息。每个健康状况都被编码为具有相对较低或较高的损失可能性、耻辱感、可控性、对个人关系的影响，以及持续时间的长短，评级是根据一个普通人的经验来进行的。研究发现，首先，培养型的支持（如情感支持、自尊心支持）在被污名化的健康问题中更为普遍。具体来说，在污名化的健康问题、可能威胁到个人关系的问题以及可能导致死亡的健康问题中更为常见。其次，促进行动的支持（如信息支持）更有可能发生在污名化程度较低的慢性病中（死亡并非迫在眉睫）。所以，研究结果与最佳匹配理论中的可取性、可控制性、可视性和持续时间等维度基本一致。但是，元分析结果没有提供关于信息质量或信息的数据以及对信息感知的数据。因此，内容分析不能对"某人是否认为支持是有用的或有帮助的"进行分析，而只能提供对不同类型的社会支持的发现。

（二）网络社群弱关系支持网络偏好的动机

在20世纪70年代，学者格兰诺维特（Granovetter）关注的是线下的或面对面的关系，而不是在线的关系，但他的工作在互联网出现后被重新审视，互联网开始涉及人们沟通的在线社区，并为弱关系支持网络偏好的动机提供了建议。[①]

1.对不同观点或信息的渴望

个体倾向于获得更多的多元化观点，强关系所获得的观点更多是相似的，而弱关系却可以提供信息的多样性。

2.角色义务或与之紧密联系的互惠问题

关于健康问题的观点也是一个角色义务，如果一个好友遇到健康问题，我可能会在凌晨接电话并和他交谈。我不一定想在凌晨1点和他谈论他的问题，但我这样做是因为这就是作为朋友的意义，一种与这种关系有关的角色义务。

3.渴望较少的情感依恋或客观性

人们有时也会寻找弱关系者，因为他们想要更客观的建议，有时最接近我们的人不能给我们客观的建议，因为他们太了解我们，所以他们的建议可能不是对我们最好的选择。

4.希望在讨论敏感问题如污名化问题时减少风险或判断力

强关系同样不利于做出判断，比如当你罹患肺癌，家人或朋友可能会责怪你没有戒烟等。

上述四个问题缺乏规模化的量表，笔者的研究团队想出了四个维度的弱关系支持网络偏好来研究它。强弱关系偏好的量表可以从以下四个维度来研究。

---

① WRIGHT K B, MILLER C H. A measure of weak tie/strong tie support network preference [J]. Communication monographs, 2010, 77 (4): 500-517.

（1）实用性

增加情境或经验的相似性或减少角色义务。

（2）客观性

较少情感依恋。

（3）降低风险

在自我披露风险话题时，减少了与强关系者重叠的机会。

（4）舒适性

源于与强关系相关的情感需求（反向编码）。

这项研究考察了两个人群：在线支持社区成员和大学生，来测试笔者研究团队开发的量表。

研究一，采用了在线支持社区的样本（N=178），运用结构方程模型进行计算，结果显示四个维度得到支持，模型解释了64%的方差变异，因子载荷为中等偏高，在预期的方向并具有显著的统计学意义。

研究二，使用了大学生样本，因为这是一个便利样本，研究发现两个样本结果非常相似，因此量表题项像预期的那样，在理论上加载到各个维度。还有一些其他发现：首先，与健康的本科生相比，在线支持社区的用户有对实用性、客观性和减少风险/评判的偏好显著增加。其次，弱关系/强关系偏好维度与两个样本的感知压力减少和自我效能增加有关。

因此，与在线支持社区中弱关系的人进行交流，可能使有健康问题的人感到更舒适地披露敏感信息和与他人交流（由于更客观和减少了角色义务）。比如，HIV患者更容易在网络上披露自己是一个HIV阳性患者。进一步讲，在线支持社区中的弱关系可能比强关系提供更多的异质性信息，关于健康问题的信息更多元丰富。

在上述量表开发后，笔者的研究团队开始在弱关系的偏好当中进行应用。研究共招募到235名在线支持社区的参与者，来研究污名化的健康问题（如艾滋病、饮食失调、酗酒等）。受访者的年龄从19岁到85岁不等。

调查问卷包含了弱关系/强关系支持偏好量表、与健康有关的污名化量表、感知压力量表、贝克抑郁量表。

结果表明，弱关系支持偏好可以调节污名化对压力和抑郁症的影响，在线支持社区中的弱关系可能帮助患者减少与他们的疾病相关的耻辱感，并改善健康状况。[①]

五、在线支持社区干预的未来研究方向以及该领域研究的挑战

新理论发展需要注意的是，我们目前往往依赖面对面人际交流中发展起来的理论，并试图将这些理论纳入在线社区研究，这在某种程度上是有点脱节的，有时这些理论确实很有效，但我们同时也需要新的理论来解释在线社区的传播社会支持。多数关于在线支持社区干预的研究都依赖于较早的理论框架，例如，一项元分析发现，47%的在线支持社区干预采用了跨理论模型，因此需要新的理论框架来更好地解释和预测这种情况下的健康结果。

在数据跟踪方面，像Python（计算机编程语言）这样的程序允许研究人员对在线支持社区成员之间分发的信息进行自动编码。需要更多的研究来评估实际的在线支持社区信息的特点和对信息的参与（如点赞、分享等）。运用其他程序可以进行在线的社会网络分析，分析个体的社交结构。

在线支持社区中的虚假信息方面，需要更多的研究来评估对健康的影响。如COVID-19的虚假信息在网络中传播的影响，笔者担心的是有些人

---

① WRIGHT K B, RAINS S. Weak-tie support network preference, stigma, and health outcomes in computer-mediated support groups [J]. Journal of applied communication research, 2013, 41（3）: 309-324.

可能在在线社区中故意去传播错误的信息，导致患者产生虚假希望，因此笔者的关注点是在线社区中虚假信息的传播可能会带来的负面影响。

同时，评估从在线社区支持到健康结果的因果路径可能很困难，人们使用多种类型的社交媒体来获得社会支持，此外，人们还与强关系的社交网络成员如面对面的家人和朋友进行互动。因此，很难找出不同来源对社会支持的原因和影响。

【翻译整理：苏芳】

第四节　超越自我报告：使用眼动追踪研究信息注意力

【本节要点】

本节主要介绍了眼动追踪研究的背景信息，以及使用眼动追踪超越自我报告方式的研究方法，来研究信息注意力的优势，比如衡量人们的视觉注意或深度认知信息加工，刺激作用的可视化，可以同时有效地揭示人们对视觉注意力的关注等。

【作者简介】

素珍·克莱尔·金（Sojung Claire Kim），乔治梅森大学传播学院助理教授，威斯康星大学麦迪逊分校大众传播学博士，宾夕法尼亚大学安纳伯格传播学院博士后，主持传播、健康和交互媒体实验室。研究兴趣集中于交互媒体、健康传播和策略传播，研究内容主要涉及具有争议性健康和环境问题，如癌症、成瘾和气候变化。

一、关于眼动追踪研究的背景信息

什么是真正的眼动研究？眼动研究有哪些独特的好处或优势？这篇由金及其同事于2019年发表在《沟通方法与措施》上的论文指出[1]，眼动追踪提供了实现对视觉行为的客观评估的可能。在该论文中，他们将视觉行为定义为眼睛注视定位与运动的度量和测量，这已被用于评估变量，例如消息曝光时间与认知信息加工。换句话说，眼动追踪可以使用无障碍的行为测量来补充自我报告的数据。十几年来，有少数传播学者使用过眼动追踪来研究对健康运动信息与广告的关注。然而，眼动追踪研究其实适用于研究任何类型的信息，不仅限于健康运动信息或广告。现在很多学者都在研究虚假信息的纠正策略，尤其是在社交媒体上。例如，疫苗接种一直存在很多争议，大量的虚假信息在社交媒体上传播，就可以使用眼动追踪技术测试这些信息，设计出更好的矫正干预措施以及活动策略。

同时，眼动研究也存在一些局限性。比如，你必须有一些信息或中介沟通信息才能使用眼动仪跟踪人们的眼动模式。你可以通过进行这类研究来回答一些真正的研究问题，首先，如何设计有效的沟通信息来向不同的目标受众传达不同的目的。其次，一旦拥有了这些有效的沟通信息，如何评估此类消息的有效性，为未来的活动信息策略提供帮助。

---

[1] KING A J, BOI N, CUMMINS R G, et al. Improving visual behavior research in communication science: an overview, review, and reporting recommendations for using eye-tracking methods [J]. Communication methods and measures, 2019, 13 (3): 149-177.

二、使用眼动追踪来研究信息注意力

在美国，吸烟仍然是导致可预防疾病和死亡的主要原因，每年导致近50万人死亡。此外，根据疾病预防控制中心2017年发布的数据，大约三分之二的成年人（2200多万人）他们想真正戒烟，然而戒烟的尝试常会以失败告终，只有7%左右的人成功戒烟。美国卫生与公众服务部2014年的研究表明，通常需要多次戒烟尝试才能实现基本的长期戒烟。2020年，FDA[①]的"Every Try Counts"（每次尝试都很重要）活动综述中强调，这个特别的活动使用了一种类似于激励的方法，鼓励现有吸烟者迈出积极的一步继续尝试，为了变得更好而戒烟。从这个意义上说，这个运动不同于其他戒烟运动。你们可能知道很多反吸烟运动都倾向于使用恐惧战术来恐吓人们不要继续吸烟，如果你继续吸烟，你就会走向死亡；如果你继续吸烟，你的孩子会受到伤害，诸如此类。与恐惧战术相比，后者是不同且更积极的。

公共教育活动"Every Try Counts"的目的是鼓励现在的吸烟者通过支持信息来戒烟，即传播强调戒烟对健康的好处的信息。笔者去年就开始为这个特殊的项目收集数据。我们使用了多种不同类型的人员招募方法，花了将近7个月招募到了大约80名吸烟者。现有吸烟者基本上很难达到总体数量，而这项研究在收集大量的吸烟者上也具有极大挑战。所以我们用口口相传（word of mouth）的方式告诉他们的同龄人。假设有一个吸烟者来到实验室完成了研究，我们便会让那个人介绍另一个或者两个吸烟者。Sona（索娜）是心理学系的在线系统，它通常会为参与者提供强大的支持与基础交流课程。我们也使用这个视觉上吸引人的传单，然后把传单分发

---

① FDA 一般是美国食品药品监督管理局（Food and Drug Administration）的简称。

到校园不同的建筑。与此同时，也通过校园食堂的电视来播放广告，但整个夏天我们没有获取许多来自大学的参与者。

我们用的是Tobii Pro X3-120便携式眼动仪，实际上眼动仪在电脑屏幕的底部，它会实时捕捉每个参与者的动作。眼球追踪软件会校准他们的眼球追踪模式，这样软件就能确保尽可能准确地捕捉到所有的眼球追踪模式，这就是合作的过程。

这项研究做了两种不同条件下的被试实验设计，我们将推特上不同类型的推文作为信息刺激，第一个只有主标题，而第二个有主标题加副标题。除了广告的副标题外，两者是完全一样的。第一个的主标题是"如果一开始你没有成功，请继续尝试"，这非常简洁，有号召力。主标题是号召行动的，在这两种情况下是一样的。第二个的海报副标题是"大多数吸烟者需要多次尝试才能永久戒烟"，这只存在于主标题加副标题的条件下。

然后，对于每个条件，参与者看到4个不同版本的活动信息。因此，所有参与者都是随机查看所有4个活动广告，以避免顺序效应。被试者将会回答三个相关的问题。为了确定观看这些活动广告的限制时间。我们招募了一些大学生进行测试，15秒足够观看这些广告。于是，我们将观看广告的时间设置为15秒。

第一张广告我们用的是男士形象，主标题是"如果你坚持尝试，就不算失败"，同样也是非常积极的标题。我们在右上角的顶端放置了FDA的标志，并在底部左下角放置了相比于FDA标志较小的"Every Try Counts"的标志，所有信息在格式上是一致的，只是主标题和副标题的条件是不同的。我们有两位男士和两位女士的图像，他们外貌出众且看起来很健康。背景图由干净的天空和漂亮的树木组成。

圆圈和线条表明每个参与者的眼睛注视模式，圆圈的大小表明注意力更多或更少，所以如果圆圈的尺寸更大，就表示对特定区域的注意力更多；如果尺寸更小，就意味着对特定区域的关注较少。

我们在每条消息后问了4个问题。你喜欢这条消息吗？如果你在便利店看到这条消息，你会注意吗？您有多喜欢这条信息，您会关注它的可能性有多大？在看到这条消息后，您认为自己戒烟的可能性有多大？

我们这里有4种不同的信息，看完不同的信息后要回答相同的问题。当被试者完成这个研究的眼动部分后就会看到最后一个画面，接下来，还要完成测后问卷，这样才算完成了整个实验。

测量时的一些重要指标和措施有AOI和TFD[1]。AOI常见于眼动追踪研究中，指的是将人们的眼球运动测量与研究中使用的不同信息刺激联系起来。换句话说，AOI指的是在消息刺激中查看特定对象所花费的时间。在另一种情况下，眼动追踪研究中真正重要且常用的测量是TFD，即眼睛盯着信息或信息区域的总时间或持续时间。它衡量的是人们的视觉注意或深度认知信息加工。

另一个测量方式是眼动热点图和视线轨迹图。相较于总注视时间，这两种测量方式并不是可量化的数据点。它是人们眼球运动模式的可视化，更具定性和描述性的特征。眼动热点图和视线轨迹图能够真正提供一些有用的信息，比如，探索正在发生的事情，总结被试者先看了哪里，再看了信息中的哪一部分。

眼动热点图显示看消息时，视线是如何分布的。刺激可以说是一种可视化，可以同时有效地揭示所有这些研究参与者对视觉注意力的关注，同样如此。这显示了聚合的数据点。与显示注视不同类型消息的注视图或单个地图相反，例如，您知道广告或视频以及它们发生的顺序。简单来说，就是被试者可视化眼动路径。

通常信息刺激中感兴趣的区域（AOI）是根据你的研究问题和假设来定义的，所以这意味着你先要根据某种概念或理论来考虑你希望探索信息

---

[1] TFD，Total fixation duration，眼动研究中总注视时间。

中的哪些区域，然后，在眼动追踪软件中将这些区域绘制为AOI，最后，眼动追踪软件可以为您在消息刺激中绘制的这些不同的感兴趣区域捕获不同的数据点。在这项研究中，笔者做了这些不同类型的AOI。

主标题区域、FDA标志区域和活动标志区域、副标题区域、号召行动的句子区域以及图像区域，这些都可以通过图片看到。一边的海报是只有主标题的情况，另一边的海报是主标题加副标题的情况。两张海报所有感兴趣的区域的大小基本相同，笔者用复制粘贴的方式以确保有相同大小的AOI。除了在主标题加副标题的条件，副标题区域的AOI大小是不同的。

在展示有关消息注意的描述性结果之前，笔者先谈谈样本量和描述性人口统计特征和吸烟相关的特征。我们总共有90名吸烟者参与并完成了这项研究。但在数据清理之后，仅80名的吸烟者数据可以使用。关于这些吸烟者和参与者的吸烟特征，我们问了一些问题。比如，你现在是每天都吸烟还是几天吸一次烟？这些都是我们在网上调查问卷中提出的吸烟特征问题，很像FDA通常用于目标受众的典型问题，这些问题都来自吸烟问题研究文献当中。对于我们的研究而言，有33位吸烟者选择每天都吸烟，其他47位吸烟者选择的是几天抽一次。根据他们对这个问题的回答，我们会进一步提问。如果吸烟者选择的是"每天"这个答案，将会被问到你平均每天抽几根？对于每天吸烟的吸烟者来说，每天大约7根香烟，范围从1根到20根，数量上是非常多的。

对于那些只回答几天的吸烟者来说，我们问了两个问题，第一个问题是在过去的30天里你有几天抽了烟？答案的平均数是13天，也就是差不多半个月，范围处于1到30天之间。第二个问题是在过去的一个月里，你平均每天抽多少支烟？答案是大约每天抽2支烟，范围处于1支到8支之间。我们继续追问，在过去的12个月里，也就是过去的一年里，你有没有一天或更长时间试着戒烟？你是不是很努力地想戒烟？在我们抽样的吸烟者中，大约有78人给出了肯定的答案。所以事实上，他们中的大多数在尝试戒烟，但还有大约22%的人没有真正尝试戒烟。

图1-4-1两张图片仿佛有着相似的模式，相似的眼球追踪和眼球注视的模式。然而，有趣的是，所有的参与者都看了FDA的标志、图片上活动的标志、模特脸部区域、主标题、号召行动的句子以及副标题。不知为何，相比于主标题的条件，在主标题和副标题条件下，人们对脸、主标题、副标题以及左下角的活动标志关注度更高。

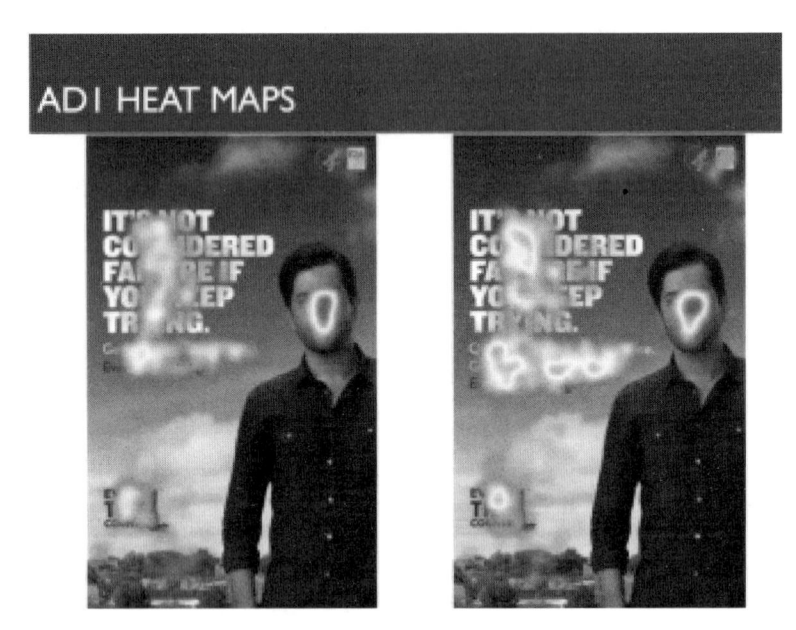

图 1-4-1　研究海报关注度的热力图示例

总注视时间是可以量化的数据点，我们可以做统计比较或实证推论统计分析。笔者基本上比较了这两种情况下不同的感兴趣区域。根据总注视时间，这两种情况在不同的感兴趣区域中没有明显的区别。

对于观看整篇广告的时间而言，主标题条件花费了11.03秒，主标题加副标题的条件花费了10.72秒。对于主标题而言，仅有主标题的条件下，花费了3.87秒查看主标题区域。在主标题加副标题的条件下，花费了3.36秒来查看主标题区域，没有发现统计学上的显著差异。

第二个广告和第一个很相似，不同的是男性形象。可以看出似乎人们会看广告的每个部分。同样的关注集中在男性形象的脸上。可能对于副标题区域以及主标题加副标题条件下的副标题区域有着更多的注意力。

如果我们去看第二个广告的总注视时间，可以观察到非常相似的模式。统计学上也不存在显著差异，似乎只对整个广告的主标题给予了更多的关注，与其他条件相比，对于主标题和图像的注视时间是差不多的。

我们的研究团队使用了安德鲁·海耶斯（Andrew Hayes）程序的中介分析，使用信息注意变量作为自变量，认知和情感对这些活动信息的反应作为中介。这些重要的结果，戒烟意愿、信息寻求意愿和戒烟准备为核心因变量，并发现通过有效的消息响应，对FDA标志的关注实际上改善了所有这些核心结果意图。所以，在所有这些不同的活动信息中，如果人们更加关注FDA的标志区域，即提高了对这些信息的积极的情感反应。因此，有助于提高戒烟的意愿、信息意愿和准备意愿。

【翻译整理：武迪】

第五节　信息时代的健康素养与大数据技术辅助内容分析

【本节要点】

信息时代，人的健康素养与可能导致的健康结果关系十分密切。本节定义并拓展了健康素养的概念，且在健康素养的计量规则方面展示了如何测量一个人获取、加工和理解基本健康信息的能力以及如何衡量（功能性）健康素养。同时，在健康传播研究领域，大数据计算和计算机辅助的自动内容分析是与传统不同的新方式，在数据收集和分析方面会做得更好，能够帮助研究者更有效、更快速地完成研究。

【作者简介】

彼得·J. 舒茨（Peter J. Schulz），瑞士卢加诺大学传播科学学院传播与健康研究所所长兼传播学教授，研究方向为健康素养和赋权、医患沟通以及健康领域的媒体效应，例如，互联网使用对青少年健康的影响等。

张文瑜（Angela Wen-Yu CHANG），澳门大学传播学系助理教授，研究方向为公共卫生、跨文化消费者研究、广告策略、媒体使用、眼球追踪与传播效果。发表近二十篇期刊文章，几十场会议论文及演讲，参与十五项研究资助项目。曾在2016—2018年担任中国传播杂志特刊客座编辑。

一、信息时代的健康素养

信息时代，一个人的健康素养和可能导致的健康结果关系十分密切。在许多研究中也已经证明，高水平的信息素养通常也意味着可以得到更好的健康状况。换而言之，一个人信息素养程度越低，他就越有可能陷入紧急情况或控制力就越差。[1]

（一）健康素养的概念

首先，信息素养包含两个概念：第一，社交素养[2]，高级技能使人能够提取信息，从不同形式的交流中获得意义，并将新信息应用于不断变化的

---

[1] MARCIANO L, CAMERINI A L, SCHULZ, P J. The role of health literacy in diabetes knowledge, self-care, and glycemic control: a meta-analysis [J]. Journal of general internal medicine, 2019, 34 (6): 1007-1017.

[2] ROTHENFLUH F, GERMENI E, SCHULZ P J. Consumer decision-making based on review websites: are there differences between choosing a hotel and choosing a physician? [J]. Journal of medical internet research, 2016, 18 (6): e129.

环境；第二，健康素养①，指个人有能力获得、处理和理解作出适当健康决定所需的基本健康信息和服务的程度。

其次，需要拓展健康素养的概念，包括：功能性健康、功能性健康素养、读写能力、陈述性知识、交际/互动、程序化、知识获取、批判素养、判断能力。健康知识素养在健康状况/服务、行为驱使、知识内容等方面有重要意义（图1-5-1）。

为什么健康素养有重要意义？

健康状况/服务
- 一般健康状况
- 单次住院和多次进医院
- 进过急诊科
- 哮喘控制
- 慢性阻塞性肺病
- 抑郁症
- 糖尿病控制
- 艾滋病控制
- 前列腺癌阶段
- 乳房X光检查
- 子宫颈抹片检查
- 肺炎球菌疫苗
- 流感疫苗接种
- 性病筛查
- 费用成本
- 死亡率

行为方式
- 药物滥用
- 母乳喂养
- 行为问题
- 坚持服药
- 抽烟
- 同意过程
- 临终决策

知识
- 生育控制
- 子宫颈筛查
- 急诊科说明
- 哮喘
- 高血压
- 糖尿病
- ……

图1-5-1　健康素养的重要意义

（二）健康素养的测量

如何测量一个人获取、加工和理解基本健康信息的能力以及如何衡量（功能性）健康素养？需要从单词识别测试（客观）、理解和计算能力测试（客观）、自我报告测量（主观）三个方面设计测量内容（表1-5-1）。

---

① LEVAGGI R, ORIZIO G, DOMENIGHINI S, et al. Marketing and pricing strategies of online pharmacies [J]. Health policy, 2009, 92 (2/3): 187-196.

表 1-5-1　如何测量功能性健康素养

How is (Functional) Health Literacy measured? 如何测量（功能性）健康素养?		
\multicolumn{3}{l|}{Word Recognition Tests (Objective) 单词识别测试（客观）}		
WRAT-R (Jastak Wilkinson, 1993)	Wide Range Achievement Test-Revised （广泛成就测试修订）	Reading, spelling, arithmetic （阅读、拼写、算术）
REALM (Davis et al., 1993)	Rapid Estimate of Adult Literacy in Medicine （成人医学素养的快速评估）	List of medical words （医学词汇表）
MART (Hanson Divers, 1997)	The Medical Terminology Achievement Reading Test （医学术语成绩阅读测试）	Reading in actual medicine bottles （实际药瓶读数）
\multicolumn{3}{l|}{Comprehension & Numeracy Tests (Objective) 理解和计算能力测试（客观）}		
TOFHLA (Parker et al., 1995)	Test of Functional Health Literacy in Adults （成人功能性健康素养测验）	Reading and numeracy comprehension （阅读和计算理解）
NVS (Weiss et al., 2005)	Newest Vital Sign （最新生命体征）	Reading and numeracy comprehension （阅读和计算理解）

Self-Report Measurements (Subjective) 自我报告测量（主观）

BHLS (Chew et al., 2008)	Brief Health Literacy Screen （少量的屏幕健康素养）	Reading, interpreting, understanding （阅读、解释、理解）
FCCHL (Ishiknwa, Takeud & Yano, 2008)	Functional, Communicative & Critical Health Literacy （功能性、交际性和关键性卫生素养）	Obtaining, understanding （获取、理解）

表1-5-2[1]是关于健康素养、赋权和患者行为的模型框架。健康问题实际上也包括其他原因，不仅仅是关于健康素养的因素。比如，一个人的健康并不完全取决于他的健康素养水平，而实际上也取决于动机水平。那些实际上表现出低健康水平的人，反而会认为自己是无所不能的人，这类就是我们所说的"危险的自我管理者"，这些人虽然客观地接受了自身低水平的健康，但他们认为实际上他们可以自己管理自己、帮助自己，因此，他们通常认为他们不需要任何中间人或专家的任何建议。互联网时代，这是导致健康问题最大的挑战之一，因为互联网会利用他们对于网络信息的盲目信任，最后会演变成难以预料的健康后果。

表1-5-2 健康素养、赋权和患者行为的模型框架

		Health Literacy, Empowerment, and Patient Behavior（健康素养、赋权和患者行为）	
		Psychological Empowerment（心理赋权）	
		Low（低）	High（高）
Health Literacy（健康素养）	Low（低）	High-needs Patient（高需求患者）	Dangerous Self-manager（危险的自我管理）
	High（高）	Needlessly Dependent Patienl（过度依赖性患者）	Effective Self-manager（有效的自我管理）

（三）互联网与健康知识普及的局限性

首先，患者行为和信息接触：信息不足，信息不准确，信息滥用。

其次，在患者赋权方面：意义即与疾病管理的相关性；能力即控制自己疾病的能力；自我决定即控制自己疾病的自主意识；影响即对疾病管理结果的控制感。

---

[1] LEVAGGI R, ORIZIO G, DOMENIGHINI S, et al. Marketing and pricing strategies of online pharmacies [J]. Health policy, 2009, 92 (2/3): 187-196.

再次，患者专业知识和互联网运用能力：患者症状的细节包括对健康状况的体验以及健康目标；当患者接收到不能充分评估的信息时，问题就会出现；作为患者决策支持的互联网是不健全的，灵活性使它变得危险；患者自己的偏好、愿望支配信息搜索，这可能会导致构建一个面向患者意愿而不是现实的知识结构。

最后，在互联网与赋权方面：药物的说明信息必须详细说明；决定采用药物治疗或其他措施治疗（改善饮食、运动等）；决定开一种特定类型的药物；选择特定药物的决定要避免容易但危险的选择。

二、健康传播相关的大数据技术辅助内容分析方法

当下的研究方法，应该尽量变得对研究者友好，而大数据技术辅助自动内容分析工具DiVoMiner就是一种用于收集内容分析的、可靠且方便的技术手段，可以协助获取研究资源，建立数据库，数据预处理；设置编码表、执行数据编码、信度测试及追踪式质量监控（QC），并进行统计分析和可视化制图。

大数据技术辅助内容分析方法有四个步骤：第一，基于云端的在线数据收集和过滤，然后对数据进行一些预处理；第二，ACA大数据计算辅助内容分析，帮助我们完成网络挖掘和机器学习的任务；第三，多位编码员信度计算，编码员的编码本编制、预编码、后续修改和双重编码；第四，使用测试可靠性的自动内容分析，通过分词索引技术，自动标记关键词，同时获取算法编码的分类[1]（图1-5-2）。

---

① CHANG W Y. No fear but happiness: understanding emotional expression by examining online emotional lexicons and icons from encoding and decoding perspectives [M]. Beijing: Communication University of China Press, 2015: 154-169.

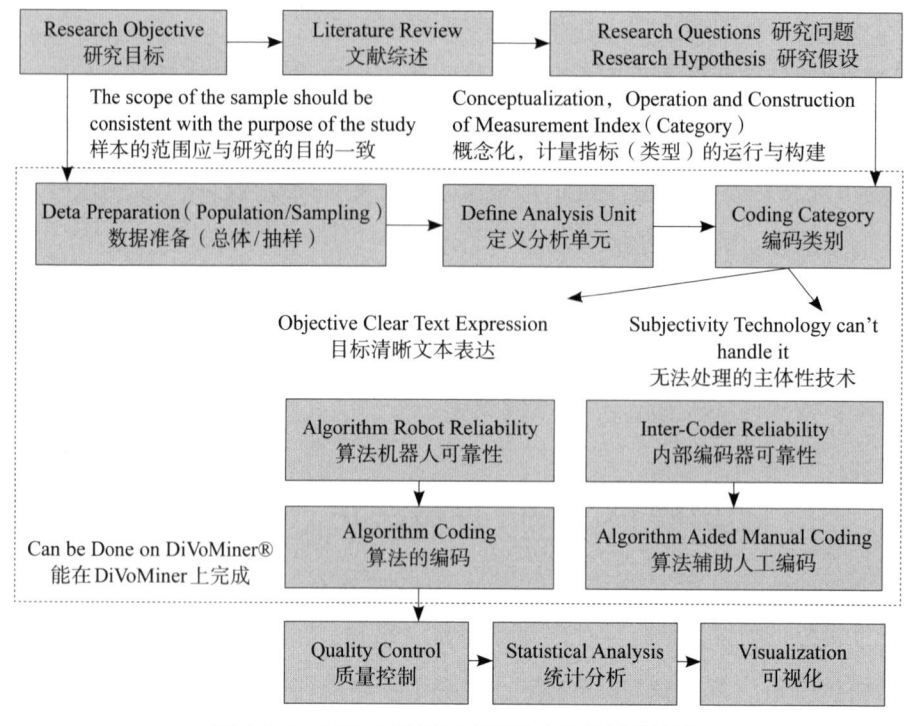

图 1-5-2　ACA 大数据技术辅助内容分析的流程

举例来说，大数据技术辅助内容分析可以用于分析非传染性疾病在线上报纸的新闻报道框架。研究发现，代谢性疾病是新闻报道中最受关注的类型，非传染性疾病的风险来源分别是压力、吸烟和基因[1]。一项新冠病毒感染疫情的污名化线索和"甩锅"研究认为，识别污名化和负面情绪的信息非常重要。[2]

【翻译：杨雅茹，整理：杨雅】

---

[1] CHANG A, SCHULZ P, CHEONG A W. Online newspaper framing of non-communicable diseases (NCDs)[J]. International environment and research public heath, 2020, 17(15): E5593.

[2] CHANG A, SCHULZ P, TU S. Communicative blame in online communication of the COVID-19 pandemic: computational approach of stigmatizing cues and negative sentiment gauged with automated analytic techniques[J]. Journal of medical internet research, 2020, 22(11): E21504.

第二章
计算传播前沿

本章导读

  随着数据和算力的爆炸式增长，虚拟世界的大数据给研究者提供了一种观测社会生活从未有过的独特视角，打开了新的窗口。计算传播学是传播学的一个新的发展方向，传播学研究者必须拥抱计算能力的增长，来针对飞速增长的信息进行分析和研究。本章介绍虚拟数字痕迹的信息和行为分析、计算机视觉分析理解视觉媒体的生产、传播和效果，实证研究中经验数据获取的数据质控等。这提示研究者数据收集的不易和面对海量数据信息的反思，在面对技术和算力增长的背后，更重要的是社会科学研究的问题意识，在研究过程中不断检验和发展传播学的理论。

第一节　大数据和计算传播学研究

【本节要点】

虚拟世界为研究者提供了一个观察的窗口,去观察一些现实世界中观察不到的现象,比如,从游戏观察现实世界中人们是怎样传播信息的、如何受到他人影响、怎样建立社会关系等。因此,对于社会科学研究者来说,更重要的不是研究游戏中的玩家本身,而是在研究过程中检验传播学理论、社会学理论,乃至关于网络、经济和社群的理论。同时回顾了计算社会科学的定义和研究现状,分析了用户在数字媒介上留下的涵盖所有线上行为的电子足迹,同时指出了大数据也存在缺陷与问题。

【作者简介】

沈粹华,美国加州大学戴维斯分校传播学系教授,计算传播实验室主任,国际传播学会(ICA)计算方法(Computational Methods)分会主席,国际传播学会董事。她在美国南加州大学 Annenberg(安纳伯格)传播学院获得博士学位。研究和教学兴趣围绕人们在线社交网络和虚拟世界中的行为、各种在线平台中社交网络结构及影响,其研究领域集中在社交媒体、社会网络分析、虚拟世界

（包括网络游戏社区）、大数据和组织传播。在方法论上，除了调查和实验之外，她经常使用大数据进行研究。研究得到美国国家科学基金资助，在多种传播学和社会学顶级国际学术期刊 Communication Research（《传播研究》）、Journal of Computer-Mediated Communication（《计算机媒介传播》）、New Media & Society（《新媒体与社会》）、Social Networks（《社交网络》）、Information（《信息》）、Communication and Society（《传播与社会》）等，发表40余篇论文，并多次获得ICA和NCA最佳论文奖。她目前担任 Journal of Computer-Mediated Communication 和 Computational Communication Research（《计算传播学》）副主编，Journal of Communication（《传播学刊》）编委，Communication Research 编委和 Communication and the Public（《传播与公共》）编委。

一、大数据与虚拟世界的科研利弊

研究大数据和虚拟世界有什么必要？这样的研究与传播学乃至社会科学有什么关系？

首先，虚拟游戏世界的用户数量非常大，因此游戏对用户心理、社交和经济等方面的影响是不可忽视的，这本身就应该被研究者研究。其次，虚拟世界是现实世界的一面镜子，而且虚拟世界中并不全是虚拟的物品，受众在虚拟世界中付出的金钱、感情和时间都是真实的。在现实世界中，研究者可能难以进行详尽的观察，虚拟世界则为研究者提供了一个观察的窗口，去观察一些现实世界中观察不到的现象，比如，从游戏观察现实世界中人们是怎样传播信息的、如何受到他人影响、怎样建立社会关系等。因此，对于社会科学研究者来说，更重要的不是研究游戏中的玩家本身，而是在研究过程中检验传播学理论、社会学理论，乃至关于网络、经济和社群的理论。

但是，当研究者将虚拟世界对现实世界进行映射时，需要考虑一些问题，例如，它并不总能达到一对一的映射。因为虚拟世界并不总与现实世界完全重合，因此群体规模、相互间关系及社群层级等因素都应纳入考虑范畴。同时，还应关注需要控制的变量，比如，游戏世界的玩家和现实生活中的人类可能有一些心理状况上的不同，或是一些人口学上的区别等都需要进行控制和定义。另外，还需要关注语境的不同。因为游戏玩家可以复活，但现实生活并不可以，这些偏差都需要进行纠正。最后，还有一个方向性的问题需要考虑，比如，这些效果到底是从线上转到线下还是线下转到线上。

相较于传统社会科学研究方法，虚拟世界的大数据是一种从摄影到摄像的转变。采用问卷调查方法的传统社会科学研究，问卷收到的数据是问卷填写者在那一瞬间的想法，因此称之为摄影；而虚拟世界的大数据经历很长一段时间，更像是摄像，而摄像肯定是比摄影所含的信息丰富得多。同时，研究者还可以通过摄像去跟踪用户在这段时间中的波动及其行为的改变，由此收集到的信息量与问卷完全不同。因此，类似虚拟世界的大数据，它给研究者提供了一种观测社会生活从未有过的独特角度。研究者在这其中看到了一些社会生活网络，而人是生活在关系网络中的人，是不可能单独存在的。并且，他所处的社会关系一定是多维度的，例如，我们有一层社会关系是亲属关系，还有一层社会关系是朋友关系，另外一层社会关系是工作关系等。这些关系很可能互相交错，同时可能相互作用，比如，你可能通过你的亲戚得到了某一份工作，那么你的亲属关系网络对你的工作关系网络产生了一定影响。

人的社会是非常复杂而多维度的，作为科研工作者，大多数情况下我们并没有观察到这个多维度的现实，我们只是观察到了一个横断面的时间切面，因为绝大多数时间我们的研究并不是长期的。就像摄影式的研究，我们通过拍一张照片去推断整个社会是如何运作的，这种方法是有问题的，因为我们无法从中观察到社会的多元性，也就无法从多维度进行长期的观察。如果我们有全方位多角度的大数据，那么可能就拥有一种上帝视角。如果我们把这个游戏想象成一个地球，这个游戏就是一个自洽的世界。那么研究者所处的位置就是上帝视角，可以观察到这个世界当中发生的一切事情，并且是一个很长的时间段。在传统的传播学研究中，研究的模式可能是"只缘身在此山中"，研究者在社会中进行一种盲人摸象的研究模式，通过在某一个时间点以一个角度拍一张照来了解社会。

但大数据也存在一定缺陷，即它无法展示用户或玩家的身份及其行为目的等信息。如果研究者只有游戏玩家的大数据却缺乏与之相匹配的社会调查，该研究也是不完整的。因此，尽管大数据本身非常有用，但仍需要和小数据以及社会科学的传统研究方法相结合才能获得更全面完整的社会运行样态。同时，大数据与小数据的结合也能实现数据质量的取长补短，这才是比较理想的研究方法。

二、计算社会科学：定义和研究现状

回溯2009年，*Science*（《科学》）上发布了一篇吹响新时代号角的论文，即"computational social science"（《计算社会科学》），该文章提纲挈领地为研究者们指出了计算社会科学领域的许多机遇与挑战[①]。2020年，同样的一批作者又在《科学》杂志上发了一篇文章，对十年来计算社会科学领域的研究进行了综述，提出目前该领域存在的问题与缺陷。计算传播学是传播学的一个新的发展方向，传播学研究者必须拥抱计算传播学的方法而非故步自封、拘泥于以往的传统研究方法。以下是Martin Halbert（马丁·哈尔伯特）在2011年发表在《科学》杂志上的一篇文章当中主要的一张图（图2-1-1）。

---

① LAZER D, PENTLAND A, ADAMIC L, et al. Computational social science [J]. Science, 2009, 323 (5915): 721-723.

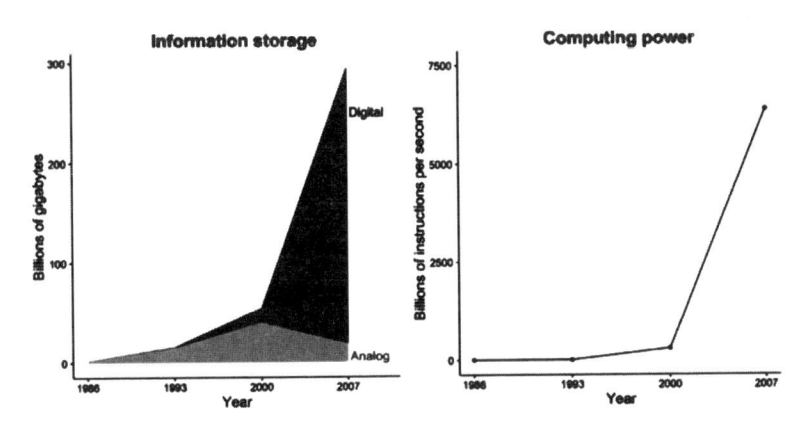

Information storage capacity and computing power are increasing dramatically. Further, information storage is now almost exclusively digital. These changes create incredible opportunities for social researchers. Adapted from Hilbert and López (2011), figures 2 and 5.

图 2-1-1　信息储存容量与算力增长

图 2-1-1 的左图反映了整个地球上信息的存储量，可以看出 2000 年后信息存储量进行了爆炸式的增长。右图表示几乎在同一时间，计算能力也呈现出爆炸式增长。而社会科学从某种程度上说就是对信息进行分析的过程，因此，社会科学研究者必须要依靠计算能力的增长，来对飞速增长的信息进行分析和研究。

以哈勃望远镜为例，它的投入使用使整个天体物理得到了飞速发展。因为哈勃望远镜和之前已有的望远镜所收集的信息数量和质量完全不在一个数量级上。它接受地面控制中心的指令，并将各种观测数据通过无线电传输回地球，帮助天文学家解决了许多天文学上的基本问题，从而使得人类对天文物理有了更多的认识。有社会科学研究指出，目前，大数据数量和计算能力的提升给社会科学带来的机遇就像哈勃望远镜给天文物理带来的机遇一样。

研究者在从事计算社会科学研究时，通常将"现成品"（readymades）和"定制品"（custom mades）两种路径相结合。第一种主要路径是 readymades，类似于杜尚的雕塑《泉》，是原本就存在的事物，在这个计算社会科学的例子当中，就是利用别人已经收集好的大数据，比如，政府数据、社交媒体的数据、网络的数据和文本数据等，将其重新打磨成可以用于研究自身感兴趣的问题的数据。第二种路径是custom mades，譬如，米开朗基罗的"大卫"像，研究者创造出了一个全新的数据集。这两种方法都有可取之处，也都有各自的弱点，将两种路径相结合是可以相互补充、取长补短的。

那么研究者如何做出比较完美的计算社会科学的学术作品？*Bit By Bit: Social Research in the Digital Age*（《一点一点：数字时代的社会研究》）这本书中的意见是：研究者需要具备数学或统计学相关知识，需要一些整合技能，以及针对研究问题本身的实质性专业知识，否则就变成数据科学家在进行纯粹数据研究[1]。值得注意的是，数据科学本身并不能解决传播学的问题，研究者必须具备传播学相关理论知识，辅上计算机或是统计学知识，因为计算传播学的最终目的仍是研究传播学问题。同时，从传播学角度出发，传播学本身的一些理论在这个情况下也是不够的，因此需要结合数据科学和社会科学这些专业方面的理论和知识，才能做好计算传播学研究。

一个比较有名的例子是美国的《连线杂志》曾经发表了一篇石破天惊的文章，题目叫作《理论的终结：数据泛滥淘汰了科学方法》（"The End of Theory: The Data Deluge Makes the Scientific Method Obsolete"），认为只要研究者掌握足够的数据就不需要理论。这篇文章受到了各方面的批评，指出"理论已死"这句话完全错误。正因有了算法和机器学习，研究者更需要理论来解释数据的意义。同时，社会科学和数据科学的研究目的不同。社会科学通常从问题出发，而并非从数据或是算法出发，社会科学的研究目的在于解释社会现象。但数据科学研究者将算法运用到政治、健康传播、经济学等各种领域，目的是证明该算法可能比别的算法更有解释力，这是两个学科不同的导向。

---

[1] SALGANIK M J. Bit by bit: social research in the digital age [M]. New Jersey: Princeton University Press, 2019.

因此，研究者需要一个好的研究问题和好的研究方法来对社会现象进行分析和研究。例如，通过大数据观察用户行为，或通过问卷研究用户行为动机和心理，抑或通过计算的方法来扩大试验规模从而弥补传统实验法的局限。

三、电子足迹

电子足迹（digital trace）是指用户在数字媒介上留下的涵盖所有线上行为的足迹。譬如，某用户在Facebook（脸书）上发了一张照片或是在微信上发了一个朋友圈，在这个过程中，用户的照片、发送时间、IP地址、移动手机的终端号以及所用的浏览器等信息都被收集了。同时，该照片的编辑修改历史，以及所提到用户的观看时长和点赞评论等互动行为也都被收集了。这些电子足迹可以用来做文本分析或图像分析研究用户的喜好与偏向，从而向用户推荐其可能喜欢的产品。

举一个有关美国前总统特朗普的例子。特朗普在确诊"新冠"后住进了一家海军医院，而这时全国上下都很关心特朗普总统的健康状况。星期六他住院的那一天，白宫的御用摄影师在Twitter上发布了两张照片。第一张照片中，特朗普在办公室里奋笔疾书，第二张照片很显然他在一个不同的办公室，同样在忙着处理公务，但他换了一套衣服，给人一种感觉是他工作了很久，其精神状态很不错。这两张图放在推特上以后，立马被细心的网友看出了端倪。因为每拍下一张照片，手机或相机就会记录下相关数据的文件，这个电子足迹会显示焦距、拍摄者、拍摄地等信息，而这两张照片显示出分别是在当地时间5:25和5:35拍的，只相隔10分钟，很明显他是在作秀。因此，这个电子足迹将特朗普总统想要营造的形象毁了。

那如何寻找大数据呢？首先，研究者要对大数据进行重新包装。大数据的几个关键概念有"4V"，即volume（体积）、velocity（速度）、variety

（种类）和veracity version（准确性版本/真实）。以真实为例，譬如，社交媒体用户的投票和点赞行为是不能说谎的，但这个真实也很有误导性，因为用户在这些平台上所做的事情并不一定是用户真心想做的。以微博为例，微博上有各种僵尸和机器人，比如，一条微博有10万个赞或10万条转发，这一定是真实的吗？不一定，只能说这10万数据本身没有作假，但这10万个人不一定是真人。因此，研究者需要认识到数据中有许多与研究对象无关的数据需要剔除。其次，点赞或转发的意涵是什么？传播学中并没有称为点赞或转发的概念。但点赞和转发可以成为一种测量工具，但它测量的到底是什么概念？需要研究者仔细思考。比如，在传播语境中与点赞或转发相近的概念是什么，研究者是否能找到对应的概念？但一定要小心不能过度推导，切忌将其与传播学已有理论生搬硬套。有时候研究者需要通过多种不同的测量方法或不同的数据来映射传播学已有的理论。

　　大数据的特点是什么？第一个特点是"大"，但并非越大越好，"大"的优势在于数据集足够大时，罕见的事情就会发生，同时大的数据集也提供了多样性，但"大"并不是研究本身需要追求的。1936年美国总统选举时进行了历史上最大的一次民调，它调查了240万人，其中大部分受访选民表示会选兰登，但事实是罗斯福以压倒性优势赢得了大选。那么拥有如此庞大数据集的民调为什么会错？是因为当时民调使用了《文学文摘》（*The Literary Digest*）这本杂志，但文摘杂志的读者并不是一个有代表性的样本，因此数据集再大也是无意义的，研究者需要去归纳母本从而进行普遍性陈述，在整个过程中需要做到没有任何偏差，一旦有偏差，研究结论就会有问题。还有个例子是微软在2012年左右推出的一款英文聊天机器人Tay（泰伊），但是Tay上线24小时后就被彻底关停了。Tay是一个Twitter（推特）上的机器人，他的训练方法是你和他聊天他就会变得越来越聪明。但在24小时内，Tay从一个非常可爱的小姑娘形象变成了一个满嘴脏话的种族主义者。那我们能不能从这件事情的演化上得出Twitter上说英语的人都很糟糕？我们不能得出这个结论，因为这并不是一个没有偏差的抽样。

因此，大数据并不一定是更好的数据，数据本身可能存在非常不透明的偏差。同时，研究者有很多自由度，他们在处理数据的时候并没有告诉读者数据是怎样被处理和清洗的，以及是怎样对数据样本进行切割的。比如，"义乌指数"的出现。在美国大选前夕，义乌小商品市场会有相关订单数据，这些订单数据在2016年精准地预测了特朗普会当选，虽然当时的民调是相反的，所以义乌指数在某种程度上就是大数据，但是民调不同，民调通过干预的方式来得到信息。在某种程度上，这两者收集信息方法的不同导致了两者结果的不同。

大数据也存在缺陷与问题。第一，大数据往往是不完整的，大数据并不能完整地呈现社会生活的各个层面与维度。如果研究者拿到了今日头条的数据，他只能观察到用户在今日头条平台的行为却并不知晓其在其他平台的行为，但今日头条是该用户的全部信息来源吗？肯定不是，因此是不完整的，研究者不知道该用户的性别、年龄、喜好及其在其他网站上的行为等。同时，数据集的不完整也体现在数据集不是为了研究而收集的，所以这些数据无法非常完美地映射到研究问题。有时研究者会用传播学的理论框架去套大数据，但套的过程是非常不完美的，同时也会产生诸多错误，或是存在许多值得商榷的空间。第二，大数据是很难获取的，尤其在剑桥分析事件之后。第三，大数据是没有代表性的，比如，研究者拿到了一部分Twitter的数据，但这一小部分Twitter用户并不能成为研究对象的母本。第四，大数据一直在变化，例如游戏的研究，每天收集到的游戏数据是有差异的，因为游戏补丁始终在更新，从而导致数据所代表的含义发生变化。社交媒体更是如此，算法、用户乃至很多因素每天都在迭代。

因此，大数据本身有很多其他因素的干扰，譬如来自算法的干扰。如果一个用户想在微博上搜索一条信息，但微博有热搜，当该信息上了热搜，其他用户便会更容易去点击它，在这种情况下算法对数据进行了干预。那数据还有意义吗？研究者如何把这些算法干预的东西给剔除掉？这是一件很难的事情。

一篇发表在《新媒体与社会》（New Media & Society）上的文章"Platform Enclosure of Human Behavior and its Measurement：Using behavioral trace data against platform episteme"[①]（《人类行为的平台封闭及其度量：使用行为跟踪数据对抗平台认知》）提出大数据不是为研究而服务的，是这些公司为迭代产品而收集的，因此大数据本身是为了服务于公司的利益，为此公司对大数据进行了很多干预，譬如通过迭代产品来增长用户使用产品的时长，并将用户时长展示给广告公司。还有一些脏数据，比如，微博里的僵尸粉和水军，这些都对数据质量提出了非常大的考验，但绝大部分研究者没有考虑到这些，另外，也有一些隐私方面的考量。

如果研究者确定了需要自己收数据，那有几种方法推荐。第一种方法是通过API（应用编程接口），研究者通过API可以拿到有结构化的数据，和平台的数据库直接对话。第二种方法是截屏或爬虫。另外一种方法是购买如Twitter的数据。如果研究者自己抓取数据，那内容是很有限的，而购买获得的样本量会很大。而且数据可能已经经过了一定程度的预处理，所以相对来说比较方便，并且一般不是很贵，会节省大量的时间和精力，从而让研究者将更多时间精力投入分析数据、清洗数据和写文章上。

【整理：洪盈婕】

---

① WU A X, TANEJA H. Platform enclosure of human behavior and its measurement：using behavioral trace data against platform episteme［J］. New media & society，2021，23（9）：2650-2667.

第二节 思想的几何：人类集体知识与叙事的构建可以被机器理解和超越吗？

【本节要点】

本节第一部分展示了大团队和小团队创造新知识的不同方式，小团队比大团队更有可能产生颠覆式创新而大团队偏向引用新文献，捕捉流行的研究。第二部分灰姑娘情结的研究，解释了性别中的固有偏见，认为灰姑娘情结背后隐藏着女性对男性的依赖，社会对于性别刻板印象的传播加深了人们固有的偏见。

【作者简介】

吴令飞，匹兹堡大学计算机与信息学院助理教授。2013年获香港城市大学传播学博士学位，2014年至2016年在亚利桑那州立大学圣塔菲研究所复杂系统研究中心及芝加哥大学社会学系从事博士后研究。主要研究兴趣是人类社会如何通过知识与技能的创新组合与传播带来科技进步和经济增长。研究成果发表在 *Nature*（《自然》）、*PNAS*（《美

国科学院院报》)等期刊，并被 The New York Times(《纽约时报》)、Forbes(《福布斯》)、Harvard Business Review(《哈佛商业评论》)等大众杂志介绍。

一、社会如何创新思考

个人所掌握的知识是有限的，社会集体思考和行动的问题本质上是一个传播问题，一个社会掌握的东西分布式地储存在各个组织或个体手里。一个社会要进行集体思考，就要让不同的人和组织交换知识，且达成一致。

社会要行动，就得要先达成一致，要达成一致就得要先思考，而这里的每一步都是与传播有关系的。所以"社会如何集体思考"或者"社会集体知识是什么"本质上都是传播沟通的问题。

我们研究团队十分关心创新的问题，尤其是一种颠覆性的创新是如何发生的。创新是多样的，起码来说有两种，一种是逐渐累加的微创新，比如，拿别人的东西改一改；另一种是比较巨大的、颠覆式的创新。在科学史中，库恩提出了"范式的科学革命"的说法[1]。范式转型，即每过一段时间科学史会出现一个新的范式。这种创新就是一种重大的创新，它能够让你重新思考一个问题。比如说，爱因斯坦把重力的概念和电子场的概念结合在一起，变成了引力场的概念。所以人们才知道引力并不是简单的一种力，它不仅是一个动力，而且蕴含着一定的"几何"，这就完全改变了人类对宇宙的看法。所以研究这样的创新是怎么样产生的，研究一个社会是怎样思考的，特别是重大的思考范式的转型是十分有意义的。

---

[1] 库恩.科学革命的结构[M].金吾伦，胡新和，译.4版.北京：北京大学出版社，2012：8.

科学的进步史就是一代一代新的思想、新的范式不断遮挡住过去思想的光辉，使得我们都用新的思想去思考问题。

到目前为止，这些还只是一个研究的图景，研究者可以写一篇文章或者一本书，但它并没有变成事实。所以需要通过数据来把这个图景、感受变成事实。在数据里，研究者可以构造这样一个结构：有a、b、c三篇论文，它们是一棵长在时间里的树。这棵树中间靠近根部的地方就是这篇论文或者这个工作发表的年份，它的树根就是它所引用的过去的文章，它的树枝是未来引用它的文章。

这个角度很有意思，如果你重新思考的话，就可以发现没有一个想法或者没有一个工作是独立的，特别是那些成功的、影响了别人的想法。所有的想法都一定有它的出处，也有它的结果。就像一棵树一样，它长在别人的想法上面，将来别人又长在这个想法上面。

以前我们总关注论文中的引用，认为被引用得多的论文就好。但即使是同样的引用，同样的流行也可能会有截然不同的结果。有开创式的，有继承式的。我们的研究团队定义了一个指标"颠覆性指数"（disruption），把一篇文章未来被引用的数量作为总分母，然后计算在未来引用它的文献中有百分之几是只引用它而不引用它的参考文献的，这个比例越高就说明它越像一个挡住了太阳的月亮，让后来的人看不到前者的光辉，或者让后来人觉得没有必要再沿着前面的方向思考，因为这篇文章已经提出了更好的思路。

如图2-2-1所示，左边这张图，横轴是团队的规模，从1个人到10个人的团队，虚线对应左边的坐标，实线对应右边的坐标。我们研究团队发现，当团队的规模变大的时候，他们会更容易获得未来的引用，未来的树枝会更加茂盛。但是，他们会更不容易挡住过去的东西，更不容易颠覆前人。简单来说，大的团队更倾向于做一个继承者，小的团队更倾向于做颠覆者。这个引用的结果还能与另外一个模式建立联系：团队越小，就越会去引用

图 2-2-1　小团队的颠覆性指数

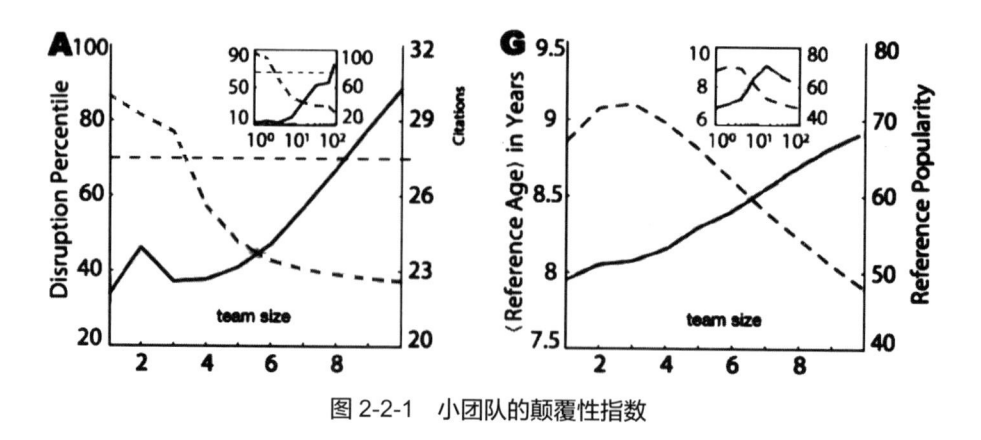

更早以前的文章；团队越大，就越倾向于引用越新的文章，追逐最流行的趋势；团队越小，越会去发掘一些不那么流行的文章，团队越大，就越会去追逐流行的文章。

知识实际上是一个不断继承、不断遗忘又不断被颠覆的过程，这也是科学史的进化过程。新一代的学者会不断地提出一些想法，每个人都试图重新解释过去，但不是人人都能成功。一旦成功，人们就会记住他的解释，而不再会记得过去的解释，科学的框架是不断往前移动的，我们总会有新的解释框架。

在这个解释框架里，小团队负责记忆，去搜索更久以前的创意。大的团队更多的是在追逐热点，他们执行着一种更保守的选题策略，引用更流行的、更大的创意，做一些已经比较成熟的、受市场欢迎的东西。

语言会影响我们的思维方式，关于团队的研究其实就是研究一种组织语言。不同的组织形式，大团队、小团队、扁平的团队、层级化的团队，就像是一种社会语言，它会影响这个组织能够思考什么。说小团队的语言，更擅长思考颠覆性的创新；说大团队的语言，就更擅长思考发展性的东西。

不同的组织语言对不同创新的影响也不同，软知识和硬知识等不同的知识生产、创造和传播体系会带来不同的结果。比如说，科研就擅长把一个知识细分成一个小小的东西，而不擅长把知识融合起来——如果以现有的科学体系。我们可以想办法改变这个体系，但是现有体系的语言一定会产生结果。无论是社会结构还是心理结构、语言结构，都会影响我们的思考。①

隐藏的社会结构会影响知识的创造，我们的团队研究发现，不同国家对不同学科的投入不同，比如，发达国家会投入更多研究社会科学和人文知识，但发展中国家倾向于投入更多到硬知识中，如研究数学和计算机。此外，工作的复杂性会拉开人的差异，复杂的领域往往没有工会，因为工会存在的前提是人和人之间的等价。所以，未来会有越来越多简单的工作被机器取代，厉害的人和不厉害的人会越来越拉开差距。国内社交媒体中一篇很火的文章《外卖骑手，困在系统里》与这个现象也有关系。不管是骑手还是主播，当所有工作变得更复杂之后，头部的玩家和尾部的玩家的表现一旦拉开，结果就是他们越来越能联合在一起去协调他们所在岗位的基本福利。

二、研究举例：灰姑娘情结与性别叙事固有偏见

"灰姑娘情结"（Cinderella Complex）这个词来源于Collette Dowling（科丽特·道林）在1981年写的一本书。②其书名的后半句话解释了这个词的内涵——女性对于独立的恐惧以及她无意识地渴望被别人保护的倾向。这个故事表面上看是灰姑娘和王子幸福地在一起的美好童话，但如果仔细推敲，会发现灰姑娘做的事情只是等待王子来拯救她，她的命运其实是靠

---

① 拓展研究："Modeling the Geometry of Organization Culture"（组织文化的几何建模）。
② DOWLING C. The cinderella complex: women's hidden fear of independence [M]. New York: Summit Books, 1981.

王子的出现来改变的。它背后隐藏了女性对于男性的依赖。

（一）为什么开展性别的研究

关于性别的研究非常多。从劳动分工开始，人们就知道男性和女性有不同的社会角色。围绕他们的词其实也是不一样的，比如，女性的关键词：集群、善良、家庭导向、热情和善于交际。男性的关键词：主观能动、有技能、工作导向、有能力和自信。当男性和女性产生一定的关系和互动的时候，他们的角色也是不一样的，人们会认为男人是主动的，女人是被动的；男人在关系中是给予，而女人是被动接受。英国小说家就曾经用"男子重行动而女子重外观"（man act and women appear）来描述这种差异。这句话的意思是男性更具有主动性、会行动，而女性只要负责外表、负责美就行了。

（二）为什么要在叙事里讲性别的偏见

首先，需要知道故事的作用。故事不仅丰富或者娱乐我们的生活，也有教育和指导的意义。一个故事要符合当代或者是现存的一些价值观才更有可能会流传下去。其次，故事情节往往跌宕起伏，因此它的人物和因果关系往往非常扁平或者过于简化。因为故事是对现实生活的压缩，在这个压缩的过程中，它会同时固化一些刻板印象和社会偏见。在故事的讲述过程中，它就会把这种固有的偏见一代一代地传下去。这种影响其实是不好的，尤其是对孩子来说。如果他们小时候读到的故事告诉他们女孩子是需要像公主一样漂亮的，那他们就会把这种意识带到他们的生活中，这样的故事对于社会生活的影响是从影响下一代开始的，所以有分析和研究的必要。

（三）为什么重新来讲"灰姑娘情结"

《灰姑娘情结》这本书写于1981年，那为什么现在还要重新来讲"灰姑娘情结"这个词呢？当下，随着社会的发展，性别偏见好像越来越少，但是大家对于女性能动性的期望仍然很低。而且当前大部分的研究其实关注的是一些比较显性的性别的刻板印象，比如说明显的社会不平等现象，比如，投票权、工资、受教育的机会等。往往会忽略一些不太明显的不平等，比如说交流的过程中，一些语言对于女性的不尊重，或者叙事中女性对男性的依赖等。做这个研究就是想要揭示叙事中女性对于男性的依赖。这种依赖一方面是女性对于男性在情感上的依赖，女性依赖于男性来获得幸福、开心的生活。因为是在故事中研究，所以研究选取了三种不同类型的数据。第一个是在多媒体数据库上的电影概要。第二个是电影的脚本信息，包括人物的对话和动作。第三个数据是古登堡图书网站上的图书数据，其中主要选择了部分有故事情节的，比如小说类的故事，目的是研究这三类不同文本、不同体裁的叙事中灰姑娘情结是怎么体现的。

如图 2-2-2 所示，研究发现，当两人相遇的时候，灰姑娘的情绪明显比王子的情绪高涨。他们互动时彼此情绪的变化，总体来说，灰姑娘都是比王子更开心的。这说明王子的出现对她的改变非常大，即灰姑娘在情感上的开心其实是依赖王子来帮她实现的。

延续到电影相关方面，研究者选了十个比较有名的故事，如《简·爱》

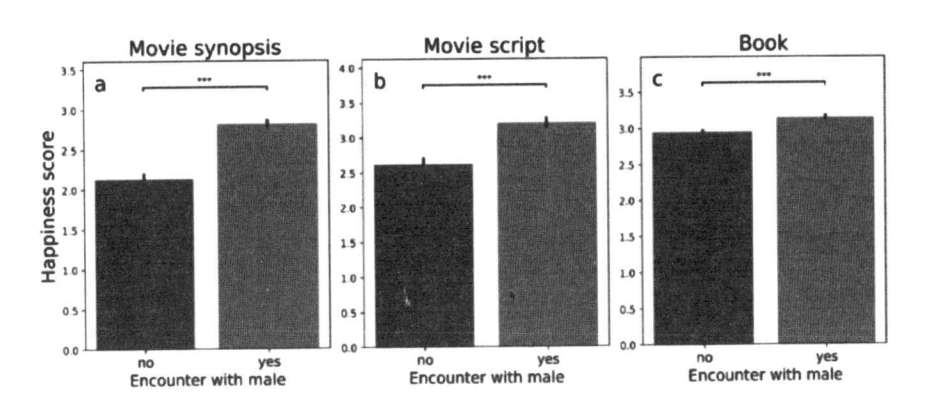

图 2-2-2 三类数据中呈现的灰姑娘情结

《泰坦尼克号》等。从研究结果来看，这十个故事中女性的情绪也是明显比男性的情绪要高的。再延续到图书相关方面，研究者观察了十个图书故事，仍然可以看到女性的情绪明显要比男性的情绪高。综合这三个数据集的几万个故事，可以发现女性在遇到男性的时候，其情绪普遍更高。那怎样证明女性是因为遇到男性才更加高兴的呢？所以，研究者比较了女性在遇到男性前后的开心指数。结果同样是在这三个数据集中，无论是组内和还是组间的比较，女性在遇到男性的时候，相比没有遇到男性的时候，其开心指数的平均值都更高，都可以证明女性遇到男性之后会更加高兴。

研究者做了社区的可视化划分，识别出了文本里面女性和男性的名字，然后提取前后的五个词，并做了社区的划分。男女共同拥有action、family和career三个词。此外，女性多出了一个词romance，比如，女性会聊到"爱""男人""女友"等关于爱情的话题。而男性多出的词是"犯罪"。尤其是男性偏好一些动态的词，比如"打架""射击""杀害"等。由此可以看出，女性被认为是以情感为导向的，而男性却被认为是更加主动、更加动态的角色。

研究者又加入了词性的区分。比如，在形容词上，可以看到女性多用到的形容词是"beautiful"和"young"。在名词上，则没有明显的划分。在动词上，描述男性的动词远多于女性，男性更多的是动作的发出者，而女性更多的是接受者。

这个研究揭示了故事中普遍的性别刻板印象，为了研究观众对于这一类故事的接受程度，研究者收集了这些电影在互联网电影数据库（IMDb）上的评分，从侧面看出大家对于灰姑娘情结或者对于电影本身的认可程度。结果发现，故事中女性对男性情感的依赖性越强，故事的评分往往就更高、更受欢迎。相反，如果故事强调的是男性对于女性的情感依赖，它往往不受欢迎。这个结果表明故事本身的力量非常强大，它可以影响现实生活、不断地强化人们现实生活中的某些观念，即使人们并没有意识到，而这种对于故事的偏爱会不断地影响一代又一代的人，又继续加强着现实中的不平等。在语言叙事中，性别刻板印象会被不断地加强。

最后，研究的创新点如下：第一个是男性女性的互动，灰姑娘情结关注的是男女主角之间的互动和他们情感相互依赖的情况，而不是各自单独的情绪。第二个是该研究更加关注隐藏的性别刻板印象，而不是明显的性别偏向。第三个是社会对于性别刻板印象的认可和传播，研究发现有性别刻板印象的故事更容易得到大家的认可和接受，再接着又继续加深社会的偏见。

【整理：许瑞】

第三节　传播学研究中的计算机视觉分析

【本节要点】

　　计算机视觉分析技术，是计算传播学在计算机视觉的应用，是计算机科学的分支，属于交叉学科，其目的是让计算机能够理解图片，并像人一样做出判断，在生活中计算机视觉分析技术的应用非常广泛，例如人脸识别、自动驾驶、医学诊断、课堂学生注意力集中度检测、人像去美颜等。包括也出现了负面的应用，诸如一些假新闻中就使用计算机视觉技术制造出不存在的虚假人脸。本节还介绍了计算机视觉常用的分析工具，以及传播研究中如何运用计算机视觉分析的方法理解视觉媒体的生产、传播和效果。

【作者简介】

　　彭一郎，宾夕法尼亚大学传播学博士，现担任佐治亚大学应用消费者分析和战略传播助理教授。主要研究方向为计算传播、视觉传播及科学传播。关注领域包括计算机视觉在图片分析中的应用、公众对人工智能的看法等。研究成果发表在 *Journal of Communication*、*Communication Research*（《传播研究》）、*International Journal of*

Press/Politics(《国际新闻/政治》)、International Journal of Communication(《国际传播学刊》)、Public Understanding of Science(《公众理解科学》)、Proceedings of ACM Conference on Human Factors in Computing Systems(《计算机系统中人为因素ACM会议论文集》)等。

一、计算机视觉简介

社会科学家经常会与视觉方面的数据打交道，传播学者可能需要分析报刊、电视节目、视频以及社交媒体中的图片数据。有些新兴的图片数据也正在被运用到社会科学中，比如卫星图片、谷歌街景等。PO研究中心做了关于美国人社交媒体使用情况的报告，报告显示以视觉为主的社交媒体越来越流行。

2019年，最火、使用最多的社交媒体是以视频分享为主的YouTube（油管）（73%）平台，紧接着是Facebook（69%），第三名是Instagram（照片墙）（37%），接下来使用较多的社交媒体是Pinterest（与Instagram类似，都是以图片传播为主的社交平台）（28%），在计算传播研究中经常使用到的社交平台Twitter（22%），它的实际排名只是第七位。可以看到这些以图片为主的社交平台当前非常流行。2020年在全球都很火的以分享短视频为主的平台是TikTok（抖音国际版），这些海量的不管是图片还是视频的视觉数据需要使用计算的方法来分析。

除了这些之外，现在新兴的图片数据是谷歌街景。谷歌公司会派小车采集街头样貌，然后汇总起来，这样的数据也可以被社会科学家使用。这些数据可以分析不同的社区环境，比如它是否整洁、是否有垃圾、是否脏乱、是否有绿色植被、是否有一些步道等。关心公平的社会学者，可以去关注不同社区能够为公众提供的服务有哪些；对公共卫生关心的学者可以去关注当地的绿色植被和公众的运动量之间的关系。同时也可以用这些谷歌街景数据预测当地的人口学变量。例如，2017年有一项研究就是使用计算机视觉方法分析谷歌街景图片，研究者们使用计算方法鉴别图片中当地汽车的型号。结果发现这些汽车的型号等因素可以预测人口学变量、党派的区别等信息，私家小轿车的数量比皮卡车的数量更多的社区更容易投民主党。

网络上关于夜晚灯光照明程度的卫星图片可以推测当地的电力使用情况，然后以此来推测当地的经济发展水平。这种方法在很难获取当地调查数据的地区特别有用。Jean（吉恩）等人的研究就是通过观察晚上的卫星图片，确定能否预测非洲不同地区的经济发展水平[1]。

计算机视觉是一个比较新兴的计算机科学的分支，是一门交叉性非常强的学科，主要研究如何让计算机理解图片，然后模仿人来做出判断。生活中大家对计算机视觉已经非常熟悉了，现在去高铁站、飞机场的时候会碰到它的具体应用——人脸识别，它可以快速判断、确定乘客的身份。人脸识别是一个非常典型的计算机视觉应用。此外，计算机视觉也被广泛运用到其他领域，例如，自动驾驶，它运用计算机视觉判定路况；还有医学诊断，有研究用计算机视觉的方法来看COVID-19和非COVID-19胸片之间的区别，然后通过计算识别方法快速筛出COVID-19病人，这些都是计算机视觉的具体应用。另外一个例子是在杭州的一所高中，学校使用人脸识别系统看学生的表情，这些学生的情况被反馈到学校，学校既可以用这个结果来判断老师的讲课水平，同时也可以确定学生是否专心听讲。

手机也有很多计算机视觉方面的应用，比较典型的就是美颜相机，它会自动检测出图片中的人脸，然后对它做一些美化，这是一个比较典型的计算机视觉在日常生活中的应用。当人们有美颜相机后也会去想该怎样检测一张照片是否经过了这种美化处理。Photoshop公司有一项研究就研究了

---

[1] JEAN N, BURKE M, XIE M, et al. Combining satellite imagery and machine learning to predict poverty [J]. Science, 2016, 353 (6301): 790-794.

怎样检测照片中美颜的存在。在Photoshop中有一个叫作液化的功能，它可以把照片中的脸变瘦、改变角度等，这个研究就是检测照片中是否使用了液化功能，可以检测某张照片在什么地方进行了调整，同时推算出原始照片。再举一些例子，如图2-3-1是一些人脸的照片，其实这些人脸都是不存在的，它们都是通过计算机学习合成的。可以发现它们有一些很奇怪或者异常的地方，比如最左边图中那个人的耳朵有一些比较模糊的地方，这是因为计算机程序在生成人脸的时可能会出现小的错误。尽管第一眼看上去它真的非常像一个真的脸，如果去看这种细节就会发现一些不一样的地方。还有中间下方图片可以看到这个人的瞳孔有些奇怪，以及牙齿等。其实这些人脸经常被用在假消息的场景当中。

图2-3-1　计算机学习合成的人脸举例

我们主要通过四项研究，来介绍怎样使用计算机视觉方法理解图片的生产和效果。第一项研究是研究不同媒体对美国大选总统候选人的图片呈现，用计算机视觉方法发现媒体的偏见[1]。第二项研究介绍人们怎样用计算机视觉方法分析政客在Instagram上的自我呈现，以及不同的自我呈现方式

---

[1] PENG Y. Same candidates, different faces: uncovering media bias in visual portrayals of presidential candidates with computer vision [J]. Journal of communication, 2018, 68 (5): 920-941.

对于点赞、评论、受众反应有什么样的关联[①]。第三项研究是系统地阐释怎样用计算机视觉的方法来做图片分类，以及图片的自动分类，尤其是非监督学习的方法怎样处理视觉数据。第四项研究重点介绍如何用计算机视觉的方法分析美学特征，具体来说是在 Instagram 上不同情绪的话题标签有怎样的美学特征。

二、计算机视觉工具介绍

在进入具体研究前，先简单介绍一下可以使用哪些计算机视觉工具。第一类是当下的商业 API（应用程序接口）或者是开源的收藏包，这些可以帮助我们完成一些比较标准的计算机视觉任务，比如人脸识别、情感探测、物体识别等。这些可以直接使用别人已经开发好的程序来帮助我们完成一些基本的图片分析。人脸识别实际上是一个已经非常成熟的算法，研究者可以直接使用别人的算法，而不用自己去从头开始写模型。如果研究者有数据，也可以自己搭建一个神经网络去训练数据集，从头开始去预测一个与图片有关的变量。如果数据量比较小，也可以使用迁移学习来进行计算机视觉的任务，这样可以判断图片中的内容。此外，由于图片不仅在内容上有区别，在美学上也有区别，研究者可以使用计算美学的方法来看图片的美学特征，例如亮度、构图、复杂性等。

为大家推荐一个研究者的个人网站[②]，这个网站上总结了一些计算机视觉的主要工具。比如，Keras 是一个用来搭建神经网络的 Python 包，Python imaging library 是用来分析不同图片的包，scikit-image 主要用来完成一些比

[①] PENG Y. What makes politicians' Instagram posts popular? Analyzing social media strategies of candidates and office holders with computer vision [J]. The international journal of press/politics，2021，26（1）：143-166.

[②] 计算机视觉工具网站：yilangpeng.com。

较基本的图片处理，OpenCV 也是一个专门用来做计算机视觉的 Python 包，此外还有 OpenFace 和 OpenPose 等。另外，还有计算机视觉的一些网站可以帮助研究者做一些人脸识别、情绪分析、物体识别等任务。

三、计算机视觉中的主体

（一）美国大选总统候选人图片呈现的媒体偏见

第一个研究是关注在总统竞选中，不同媒体在视觉上是如何展现总统竞选人的。这个研究关注的是 2016 年美国总统大选，也就是特朗普和克林顿这两个总统候选人视觉上的不同。之前媒体偏见的研究主要集中在文字数据上，研究媒体通过什么样的文字展现不同党派或者不同的总统候选人。除文字外，视觉内容在政治传播中也是经常被使用的，很多视觉因素，如候选人的脸以及他们面部的情绪、情感表达会影响到受众对不同候选人的态度，因而可以预测政治选举的结果。所以，视觉因素在政治传播中是一个不可忽视的因素。

这项研究主要关注媒体偏见在视觉上是如何被呈现出来的。对于媒体偏见的定义，不同的学者提出了不同的定义，这项研究的阐述主要集中在党派上的媒体偏见，即政治上的媒体偏见。关于媒体偏见基本有三种不同的定义。第一种主要集中在对现实的偏差和扭曲上，比如说，Groeling（格罗林）认为媒体偏见是一种"对现实的明显扭曲的描述，系统地、不成比例地偏袒一方而非另一方"（a significantly distorted portrayal of reality that systematically and disproportionately favors one party over the other），这种定义主要集中在对于现实的偏差，而且这种对媒体偏见的定义很难被测量，因为我们作为社会科学家很多时候无法观察到现实是怎样的。第二种对媒体偏向的定义集中在对于平衡的偏差。例如，Stevenson（史蒂文森）定义认为"偏见是指覆盖范围的不平衡或不平等，而不是偏离事实"（bias as imbalance or inequality of coverage rather than as a departure from truth），这种定义主要集中在媒体对两个党派候选人之间不平衡的报道，可以发现这两种定义实际上是互斥的。假设有两个候选人 A 和 B，A 实际比 B 有更多负面消息。如果从"偏离事实"的角度来讲我们要对 A 做更多的负面报道，但是从这种平衡角度来说 A 跟 B 应该做同样多的负面报道。这也说明他们之间为什么是互斥的。第三种定义是从媒体内容对受众影响效果角度来思考。之前很多研究者做媒体内容分析时假设所有媒体报道的差异都会带来效果差异，会使受众更喜欢某一个候选人而不喜欢另一个候选人，然而，实际上这并没有实证上的验证。例如，Entmen（恩特曼）提出媒介偏差应该被理解成"有意识或无意识地吸引观众，以支持特定政治权力持有者利益的倾向模式"（patterns of slant that regularly prime audiences, consciously or unconsciously, to support the interest of particular holders or seekers of political power），这里讲媒体偏见是让受众去支持某一个候选人、某一方或者某一个党派。根据这些不同的定义，我们在研究中对媒体辨认进行了三个维度的拓展。

由于之前的研究主要集中在整体的媒体环境，而当下的媒体环境是非常碎片化的，有很多不同党派媒体，每个党派媒体都有自己的政治色彩。因此，现在不能只关注整个媒体环境，而是要看不同媒体有怎样的政治色彩。我们已经知道了媒体的政治色彩，那他们是如何使用不同的视觉内容去展现不同政客的呢？这个研究主要看有哪些比较具体的传播方式来表达他们的政治色彩。研究者不仅要做内容分析，同时把观众感知和内容结合起来告诉大家这些内容上的区别确实对受众是有影响的。在这项研究中，就把媒体偏向定义成媒体内容中系统性的模式，这种报道会对某一个党派更有利，同时这项定义包含了两个方面。第一个是要确定在媒体内容中，对不同的政治候选人确实是有不同的报道。第二个也必须证明，这些不同确实会对某些候选人更有利。

在这项研究中包含了两部分内容。一是，看不同媒体对于政治候选人的呈现是否存在差异；二是，我们要展现出这些视觉上的不同确实会影响读者的感知或者态度。在绩效原因中，研究者会关注可以用计算机视觉看到的不同图片的特征，例如，政治家的表情（包括眼睛、嘴巴的大小、脸的朝向、脸的大小）、脸在图片中的位置、皮肤状况、是否跟其他人在一起以及其他人的表情。有一些特征比较容易理解，比如，政治家正在笑的照片，他的眼睛睁得比较大而不是打瞌睡或者是跟其他人在一起，而且其他人也是以一个非常积极的表情出现。这种图片对政治家是一个正面的报道。接下来具体地讲一些其他的特征。

第一个特征是脸的朝向。之前的研究就发现脸的朝向主要有三个维度。第一个维度叫作 pitch，它关注脸是往上看还是往下看，结果发现当脸是往上看的时候，会让这个人显得强势、更加有力量，而低头往下看就会显得这个人比较的弱势。另外两个维度，yaw 和 roll 关注的是照片中的人脸是往左偏还是往右偏，但是我们不清楚这两种不同的角度会对政治家有什么影响。

第二个特征是脸的大小。之前有研究发现当脸在图片中比较大的时候，会显得这个人与受众的心理距离更近，会觉得这个人更加亲切或者是更加强势。不过，呈现非常大的脸的照片也会让人觉得尴尬。脸的大小其实能够帮助我们去建立受众跟图片中人物的社交距离。当脸很大的时候，会感觉这个人凑得特别近，会觉得特别不舒服，所以这实际上是一个非常不利的呈现。同时，当脸比较大的时候，会看到这个人皮肤上的一些缺陷，以及比较尴尬的表情等。

第三个特征，皮肤状况也是媒体可能用来展现偏见的一种手段。1994年美国《时代周刊》的一个封面为了让这个封面人物显得更加有罪，图片把人物脸的肤色亮度降低使这个人显得更差。另外是脸偏红或偏黄等，如果一个人的脸泛红的话我们就会觉得说这个人更健康，如果一个人的脸比较苍白我们会觉得他可能更不健康。最后一个就是脸的光滑、健康的程度，比如，脸上是不是有皱纹等。一般来讲，如果某个人的皮肤比较健康是更有利于媒体呈现的。

第一个研究问题就是去探究不同的媒体，包括自由派媒体和保守派媒体，是怎样呈现克林顿和特朗普这两个总统候选人的。研究选择了15个不同的媒体，包括自由派的媒体，*Slate*（《页岩》）、*The Huffington Post*（《赫芬顿邮报》）、*The New York Times*、BBC（英国广播公司）、CNN（美国有线电视新闻网）、*The Washington Post*（《华盛顿邮报》）等；中立的媒体是Reuters（路透社）、*USA Today*（《今日美国》）、NBC News（NBC新闻）、*The Wall Street Journal*（《华尔街日报》）；比较保守的媒体有Fox（福克斯）、*Breitbart News*（布莱巴特新闻）。*The Wall Street Journal*这些分类主要是基于之前的研究，其实我们很清楚哪些媒体应该有什么样的党派色彩。然后，通过谷歌搜索这两个总统候选人就可以得到不同媒体关于这两个总统候选人的图片使用情况。数据收集工作刚好在大选结果发生之后进行，总共2万多张图片。第一步是用人脸探测的方法只看有脸的图片，再通过人脸识别的方法选出有克林顿和特朗普的图片，最后只选择发生在2015年和2016年的图片，总数约13000张图片。

如何分析数据？我们可以只看特朗普和克林顿这两者在不同媒体中有什么差异。假如可以观察到克林顿比特朗普的主效应值高很多的话，我们可能说确实会有这样的媒体偏见，但实际上由于两个人是不同的性别，有可能出现这样大的差距，可能是整个媒体对女性候选人或者男性候选人有特别不友好的地方，我们很难确定究竟是党派起作用还是性别起作用。此外，这两个候选人的人格特点也很不一样，他们采用的宣传方式也非常不一样。因此，在这项研究不仅是看它的主效应，还有变化。当我们关注到交互作用之后，我可以看到大概只有五项是显著的，分别是脸的大小、快乐表情、愤怒表情、皮肤健康程度以及其他人脸数量。在自由派媒体中，克林顿与特朗普的差距是很大的，但是保守派媒体中，可以看到这两个候选人的差距是在变小的。所以，可以看到这些媒体机构确实在使用候选人的表情来展现他们的政治形象。在自由派媒体中，特朗普是更加愤怒的，这个模式在所有媒体中都是一样的。但是，我们也看到在自由派媒体中，两者的差距更大，在保守派媒体中两者的差距更小。同时我必须要强调一点，从媒体偏向来说，主效应实际上是最明显的一个特征。此外，我们可以观察到一些媒体偏向的呈现，但是它相比于主效应，即两个候选人之间的差异还是比较小的。

接下来，看脸的大小。在自由派媒体中特朗普的脸是更大的，在保守派媒体中他的脸是更小的。然后，是皮肤的健康程度。我们可以看到在自由派媒体中克林顿的皮肤是更健康的，但是在保守派媒体中特朗普的脸是更健康的。最后一项，是否与其他人在一起，可以看到在自由派媒体中，克林顿是更容易跟其他人在一起的；但是，在保守派媒体中这个区别是没有的。总结来说，不同的自由派、保守派媒体，确实在使用视觉特征来区别化地呈现两个总统候选人。

接下来，我们来看这些视觉特征是否会影响受众对于总统候选人的感知。笔者第二个研究的问题就是看哪些图片特征能够预测受众对图片倾向性的判断，以及他们对这两个候选人的感知。我们知道倾向度有不同的维度，不同的图片特征会导致我们对总统候选人的印象、人格等看法产生不同维度看法。比如有一张克林顿的照片，我们会觉得它是一个不友好的呈现，但同时也是一个非常强有力的形象。所以，它在友好的程度上可能是负面的，但在有力的维度上可能是正向的。就像之前有研究者认为"视觉分析应超越正面与负面指数的测量，并研究更具体和细微差别的人物框架构建维度"，意思是说我们要看图片在不同维度上是怎样影响受众对于候选人的感知的。

（二）社交媒体自我呈现和受众反应

对于人脸的感知（Face Perception）分为三个维度，第一个维度是这个人是否有力；第二个维度是这个人是否友好，包括这个人是否友善、真挚、值得信赖；第三个维度是这个人是不是好看的、美的。

在这项研究中，研究者随机选择了1000多张图片，然后Amazon Mechanical Turk（亚马逊土耳其机器人）上的人对这些图片进行评级，包括去看这些图片是否以正面或负面的形式呈现总统候选人，以及他们在不同人格特征上的区别，包括他是否友好、友善、诚实、值得信赖，是否有力量、有能力、聪明，是否有吸引力（美）、健康等，然后去看它的维度是怎样的。

不同媒体图片的特征对倾向性的影响是怎样的？第一，脸的大小会有影响，当图片中的脸特别大的时候是负面的影响。第二，非常重要的是候选人的表情，当候选人快乐的时候是一个正面的呈现，它的效应量是非常大的；如果候选人处于愤怒的情绪时，相当于是一个负面的报道。第三，比较重要的维度是皮肤的健康程度，当图片上人物皮肤有皱纹时是一个负面报道。然后是嘴巴的大小，当嘴巴比较大的时候是一个正面的报道。最后，是与总统候选人在同一张照片中的其他人，当这些人脸上的表情是快乐的就是一个正面报道，如果它是不快乐的就是一个负面报道。

那我们可以比较这两者，第一类图片特征是媒体在使用哪些图片特征来展现党派色彩的时候，我们也发现脸的大小、幸福感、愤怒、皮肤健康程度、其他脸的数量确实是被使用的，这些特征基本上跟受众的感知是比较吻合的，包括脸的大小、表情、皮肤的健康程度等。受众确实能够感知到这些线索，此外，受众也发现了另外的线索，比如嘴巴的大小以及其他脸的快乐程度。

人格特征的感知主要有两个维度，第一个维度关注它是正面的还是负面的，包括是不是友善的、是不是可以相信的、是不是有能力的、是不是聪明的等。第二个维度关注它是不是有力量的。结果发现读者主要以这两个维度判断图片，而且两者间会有区别。第一个维度，看效价是正面还是负面，我们发现它的特征与之前的感知能力是一致的，因此，所有的方向基本一致。然而，当我们看候选人是否有力量时，会发现不太一样：一是表情的方向是完全相反的，快乐的脸会让人觉得该候选人弱势，愤怒的表情会让人觉得这个候选人有力量、比较强势；二是看眼睛注视，即看眼睛是否直视前方，发现眼睛直视前方时会让人觉得更加强势，所以媒体想去负面地呈现一个候选人时，这样呈现可能在友善度上会让这个候选人失分，但在强势程度上能让这个候选人加分。总的来说，这项研究帮助我们理解媒体偏见的现象，媒体在报道中怎样有不同的呈现，这种呈现方式能够影响受众对不同候选人的感知。

研究媒体偏见时，应该把两者结合起来，我们既要看媒体内容上的差异，同时也要探索其是否能够真正影响受众对候选人的态度。此外，也看到一些比较具体的视觉的、媒体的偏差。首先，一个主要的手段就是关注候选人的表情，媒体主要用候选人的表情来展现他们所具有的不同党派色彩以及媒体对候选人的态度。其次，是脸的大小，这是一种比较流行的视觉呈现形式，用一个非常大的脸来展现媒体该候选人的不喜欢程度。最后，是这个皮肤健康程度。之前对于皮肤健康程度的研究主要集中在时尚领域和广告领域，因为这些时尚杂志经常会对人脸做一些磨皮等，来去除脸上的不健康特征使模特变得更加好看。这样的手段也可能出现在政治传播中，即政治传播也会使用这种处理技术来展现媒体对候选人的态度。另外，比较重要的当我们认为某个媒体偏深的时候，尤其是在候选人呈现的时候，它其实是多维度的。第一个维度我们看他是正面的还是负面的，例如它是更友善的、更有能力的还是更负面的。与此同时，第二个维度也非常重要，即看媒体的报道是否让候选人更有力量。

例如，有的图片让候选人显得更加不友善，同时也使他显得更有力量，但它可能不仅是一个单纯的负面报道，可能是一个更复杂的报道。有的图片确实会使候选人显得更加人性、友善，但同时也让候选人显得弱势。这个维度在政治传播中是非常重要的，之前有研究发现当受众感受到威胁时会更喜欢强势的候选人，之前特朗普的一些支持者觉得自己的社会地位被少数族裔、移民等威胁，或者感觉美国对世界的主导地位被威胁，因而会给共和党投票。这个时候强势的候选人报道可能就不是负面的报道，而可能是正面报道。

我们在考虑受众在某些情形下关注媒体偏见的时候，也要考虑应该怎样分析媒体偏见的不同维度，主要是关于媒体的内容，是对媒体的内容分析。

（三）计算机视觉的方法做图片分类

接下来的研究关注新兴的社交媒体，以及政治家是如何展现自己的形象的。这项研究主要是看政治家在Instagram这个社交媒体上是如何展现自己的个人形象的。现在有越来越多的学者关注政治家如何在社交媒体上展现自己的形象、发布怎样的信息，以及什么样的信息能够获得有效的传播，但是他们的研究主要关注的却是Facebook和Twitter。政治传播在其他社交平台上也是非常活跃的，例如Instagram就有很多政治家使用。他们主要用这个平台与年轻人进行联系。政治传播中一个比较普遍的策略叫作个性化或者个人化，之前的实证研究就发现自我的个性化能够帮助政治家获得有利的形象，能够与受众获得更加紧密的情感联系。

研究的目的是我们能否开发一种非监督的方法来分析视觉媒体。我们要先知道什么是非监督？什么是非监督学习？之前的研究发现主要有两种不同的学习方式，分别是监督学习和非监督学习。假如我们现在有很多图片，这些图片都是分好类的，有些是猫的，有些是狗的。现在有一个监督学习的算法生成了一个监督学习的模型，随后，我们用大量的猫和狗的图片来训练这个模型，以后当我们有一张新图片时，它便能够预测这个图到底是猫还是狗，这就属于监督学习。

非监督学习是指现在有很多图片，但是我们并不知道这些图片究竟是猫还是狗，或者是别的什么东西。我们把一些图片全部放在非监督学习的算法中，算法便能够自动把这些图片进行分类。这个算法并不是预测某一个具体的标签，而是来帮助我们寻找数据中图片的规律或者类别。这个算法可能会把这些图片分成三类，但是并不能给我们生成标签，因此我们需要人工去看这些不同的类别。这就是监督学习与非监督学习之间算法的区别。

之前政治传播中使用的计算机视觉主要集中在监督学习领域，它们使用监督学习的模型，包括判断候选人的表情究竟是快乐的还是愤怒的。同时，很多时候我们也需要非监督学习的算法来帮助我们寻找海量数据集中具体类别的图片。大家应该都知道，有一个话题模型的算法能够帮助我们自动寻找不同文本中的不同的话题。那我们这个文章的目的就是想能不能使用一种非监督学习的方法帮助我们自动识别出图片的类别。

什么是个人化？之前的研究发现个性化实际上有两个比较大的维度。第一个维度叫作"个性化"（individualization），是说当下的政治传播正逐渐聚焦在这些具体的候选人身上，也就是说，会产生一些政治明星，而不是更加关注机构、党派或者具体事件。第二个维度叫作"私人化"（privatization），是说当下我们去展现候选人的时候不是把他展现成政治家，而是把他展现成一个普通人的形象，即非政治、私人的一面。也有学者认为个性化这个概念还有第三个比较重要的维度——情感化。这些政治家，不仅是一个职业的政治家，同时也会刻意地展现其情感。让受众觉得他是一个有情感的活生生的人，这种情感化能够让政治家的形象更加有人性。

这项研究中，我们具体关注个性化在视觉领域中是如何被呈现的，这种个性化的传播方式对于受众会有怎样的影响。之前关于社交媒体的研究发现政治家在社交媒体上比较私人化的推文会更容易获得点赞或者转发。因此，在这项研究中我的第一个研究问题就是，在政治家的图片中我们能够使用非监督学习的方法发现哪些类别。同时，我们也预测在这些类别中非政治性的、私人的类别会更加容易获得点赞或评论，而比较职业化的图片较难获得点赞或评论。

在办公室、会议室以及发表演讲，这些就属于比较政治化的，我们预测这样的图片较难获得受众的喜欢。同时，私人的家庭照片，包括与家人、家里的狗等比较私人化的照片，这样的图片更容易获得受众的喜欢并产生点赞或评论。此外，还有一些其他类别的图片，比如，文字图片等我们也会看它们获得点赞或评论的情况。

第二个比较重要的个性化传播方式是展现自己的脸。在社交平台上自拍是非常常见的个性化方式，而展现自己的脸是比较容易与受众获得亲密联系的一种方式。当一张图片展现了政治家的脸时，这张图片应该是更加容易获得点赞或评论的。我们可以想象当受众去"关注"（follow）一个政治家的时候，他应该会更加关注政治家的脸，所以相较于没有政治家的脸的图片或者图片展示的是其他人的脸来说，有政治家的脸的图片应该会获得更多点赞或评论。

第三个假设认为，这些政治家脸的大小应该与图片的点赞或评论呈正相关，给定图片中的脸越大受众会更容易关注到该图片，因而更容易获得点赞或评论。最后一个点是情感化的体现，之前我们提到，展现情感也是个性化展现的一种体现。之前的研究发现，在Facebook和Instagram上包含情感的推文更容易获得点赞、emoji（表情符号）或者"likes"（喜欢）的反馈，而且Instagram平台本身关注社交关系的建立，因而更有可能获得正向的反应。

之前的研究发现有情感的图片应该更容易获得受众的点赞或评论。但究竟是展现正面的情感更加有利还是展示负面的情感更加有利呢？在Twitter这种两极分化比较严重的平台上，负面的消息更加容易获得转发，说明大家更加容易关注负面的新闻。那Instagram可能具有不同的平台文化，它更关注正面信息。大家可以想象一下微博和微信这两个平台的不同。所以，笔者提出了一个研究假设：当一个政治家展现快乐情绪时更容易获得受众的反应；另外是探索政治家展现负面情感时会对受众的点赞或评论有什么影响。

这个研究关注的是美国的政治家，包括总统候选人、州长、参议员以及特朗普政府时的一些主要官员，总共约100人。我们去看他们在Instagram上是否有账号，最后的样本是176个账号，大概有160个政治家，接下来我们把所有政治家在Instagram上的图片（不包括视频）都下载下来，一共约6万张图片，每个账号约有300张图片。

之前多次提到了计算机视觉，那么计算机究竟是怎样去识别图片内容的呢？我们会使用到神经网络，简单来说，它包括不同的层，在输入层的时候我们可能会把图片输入这个神经网络中，就会看到不同的神经网络有不同的层，每一层会有节点把前一层的信息提取出来运算，然后把信息传递到下一层，最后一层就会告诉我们这个图片究竟是不是一个汽车。我们可以看神经网络它究竟是怎样去判断图片特征的。在初级层，神经网络能够识别一些非常简单的特征，比如，条纹、色块、边缘等。高级层会将初级层的视觉特征进行排列组合，因而会看到比较复杂的、高级的特征。例如，神经网络如何识别出猫这个概念。一只猫可以被分解成很多基本特征，神经网络最开始几层可以识别比较初级的特征，然后将这些特征排列组合得到猫的眼睛、鼻子等。最后一层是将比较高级的特征进行排列组合进行预测，从而识别出猫这个物体。这是对神经网络做得非常简单的介绍，那么，怎么使用迁移学习方法对图片进行自动分类呢？

我们知道神经网络储存了很多这样比较高级的特征，如果一个模型已经被别人使用、在一个非常大的数据集上进行了训练，那这个神经网络中就储存了非常多的高级特征，我们就不用直接从第一步开始，而是可以直接从比较高级的特征开始，使用聚类的算法将这些图片进行自动分类。在这项研究中，先使用了已经训练好的模型来提取特征，然后试了很多不同的聚类方式，再将这些聚类分到不同的内容类别中，研究主要选取了四类不同的政治家图片。

第一类是职业化的场景。这一类图片是展现人在职业化或政治化的场景中，如政府的办公大楼、立法的地方、会议室、办公室、政治性的聚会、会议、游行等。第二类的图片主要与文字、文本有关。主要是政治家用来发布一些文本信息，展示他的政治立场，包括催票等。第三类的图片是个人化的非政治性场景，比如，野外、健身房、酒吧、快餐店、家里、飞机、雪山、滑雪场、街道、家庭聚会、餐馆等。最后一类是建筑或风光照片，这一类照片通常没有人。

上述这种聚类算法将图片分成了四类，其实它之前的分类是十几类，然后我们把一些小的类合并到不同的内容类别中。在这些类别中，60%属于职业化的政治场景，约15%的图片与文本有关，15%的图片与个人化的私人场景有关，最后10%的图片是风光类照片。接下来我们来看不同的类别是如何影响点赞或评论的。这里比较的第一类是职业化场景类别，是一个多层次的分析。我们发现文本信息不会影响点赞，但是会增加读者的评论。也就是说，当读者看到这类图片的时候并不会多去点赞而是去留言，可能是为了回应这个图片中的一些文字信息等。

第二类是个性化的图片，这一类图片既会影响点赞也会增加评论。相比于职业化的图片，私人化的图片更受受众喜欢。风光类图片会影响点赞，但不会影响评论。即受众看到这类图片后会觉得很好看，然后会去点赞，但不会去过多评论。我们可以看到不同的图片类别确实会影响点赞或评论，尤其是私人化的图片比职业化的图片更容易获得受众的喜欢。

政治家的脸是如何影响点赞或评论的呢？对照组是没有脸的图片，当图片中有政治家的脸时既增加了点赞也增加了评论，而且这类图片是最容易获得点赞或评论的。此外，当图片是政治家的脸与其他人的脸在一起时也会增加点赞或评论。根据结果可以发现，在图片中展现自拍或者自己的脸，是有效吸引读者喜欢或点赞的方式。最后我们来看脸的大小、表情会有什么样的影响。可以发现脸的大小确实会影响点赞或评论。当图片中脸越大时，不管展现的是快乐情绪还是负面情绪，都能增加点赞。即只要展现出情绪，读者就更容易做出点赞的反应，但是这种情绪并不影响评论。尤其是在私人化、非政治化的场景中，展现自己的脸或者情感的时候，这种图片会显得更私人化，也更容易获得点赞，这样的一些传播方式确实会增加受众的反应。然而，绝大多数图片还是传统政治传播的方式，尽管这类图片不被读者喜欢，但却被广泛利用。这说明，当政治家采用新兴的社交平台时，很多时候他是无法快速适应平台文化的，而是仍然用传统却在社交平台中效率不高的一类图片。

这项研究展现了如何使用计算机视觉方法分析政治传播中的图片，这里使用的非监督性学习的方法也可以在应用到其他数据集中。当有一个非常大的数据集的时候，第一步可能不是给这些图片打标签，而是使用非监督学习的方法将图片自动归成一些小的类别，然后再具体地看这些类包含什么样的图片，看这些类别的差异。本研究主要是看政治家在Instagram这个平台上是如何展现自己的，展现自己的方式怎样影响受众的反应。

接下来的研究主要是上一个研究的延展，我们主要想深入地探究在社会科学领域，应该怎样使用非监督学习对大量图片进行分类。前面已经介绍了监督学习与非监督学习的差别。之前的计算机视觉研究主要集中在监督学习，包括怎么使用图片进行预测，比如，社会运动的人群大小等。非监督学习主要是看怎么把图片进行自动分类，帮助我们快速找到大量数据中的一些普遍规律或类别，包括主题建模，就能够帮助我们发掘文本中不同的文章类型等。

那么，怎样在图片上使用非监督学习的方法。在图片中非监督学习有一个非常重要的概念，就是怎么把图片的呈现转化成一维的呈现。一张600像素×800像素的图片在储存时，它的每个像素可能有三个数值（如果用RGB），因此，仅这样一张图包含的信息点可能会达到1兆左右，这实际上是一个非常大的数据。与此同时，图片中也会有很多噪音，即与主题不太相关的内容，例如，背景部分无法帮助我们识别照片内容。因此，最关键的一步是如何将一张复杂的图片以第一维度的形式呈现。

接下来，我们会看三种不同类型的处理方法。我们在这里比较了三种非监督学习的方法。第一种方法叫作"Bag of Words"（词袋），如果对计算机文本学习比较熟悉的话，这会是一个经常看到的模型。假如现在有一段话，可以把这段话想象成一个包裹着这些词的袋子，每个词都有其对应的频率。我们把这段话转化成一个Bag of Words的模型，然后进行处理，此时词序是不重要的，重要的是这些词有哪些、这些词的词频是多少。有了这样的Bag of Words的表征之后就可以用这一模型对文本进行处理。相应地，当我们把它用在图片领域中，可以把它想象成一个Bag of Visual Words的词袋模型，但它不是文本上的词，而是图片意义上的词。比如，可以把一个复杂的人的图片分解成许多不同的、小的视觉特征，可以包括项链、眼睛、鼻子、嘴巴等。其中，特征是关于图片的一条一条的信息，它可能是比较具体的结构，比如一个点、一个边或者一个物体，同时也可能是特征提取算法算出来的结果。早期的特征提取方法包括使用边、两条边的夹角、色块等。后来，比较复杂的特征提取方法会把图片上的点转换成一系列数值，这个数值就是对特征的描述。

研究中我们使用的是SIFT（Scale-Invariant Feature Transform，比例不

变特征变换）算法，具体来说，是在图中识别出各种特征点，每个点都用一个数组进行描述，对数组进行匹配时可以把数组转换成比较具体的物体、图案或者纹理。比如，现在有三张图，每张图有不同的特征，比较大的特征相当于一个词典，由此可以把它做成一个直方图，每一个都可以建一个词库，每个词库就是具体的图片上的特征，随后可以看每个词库有多少。这样就可以把每张图都转化成直方图，之后就可以对它进行聚类，实现图片的分类。这是一个比较典型的Bag of Visual Words，就是把这个图片想象成一个词袋，这就是第一种聚类的方法——特征提取方法。

第二种方法是使用自我监督学习的一种方法。假如现在有海量的图片，我们可以把图片进行一定的翻转或旋转，把一张图变成很多图。这时可以把一张图变成不同的图，而每张图本身就是一个类别。如果把每张图看作一个类别，就可以训练一个监督学习的神经网络来预测每张图片。这样，它会学习到一些特征，我们把这些特征进行聚类，经过不断地迭代后，我们会得到一个神经网络，这个神经网络会把图分成不同的类并储存图片的类别。这里最关键的一步是把每张图片进行旋转、翻转等，把每张图变成一个类别进行聚类，叫作自我监督学习。我们没有这些图片的标签，但是可以假想有类别然后对它进行学习，这是第二种方法。

第三种方法是前面介绍的迁移学习算法，是使用别人已经用过的神经网络来提取特征，然后再用这些特征来进行分类。值得注意的是，在做迁移学习时，由于学者发布的神经网络较多，选择什么样的神经网络进行迁移学习非常重要。

我们看到了三种不同的方法，而究竟选择哪个神经网络是有一定策略的。第一个要确定的是选择监督学习的神经网络还是自我监督学习的神经网络。尽管这两种方法最后都会得到神经网络以及图片特征，但是这两个方法之间存在一定的区别。用监督学习方法时，得到的特征是与监督学习类别直接相关，例如，现在的类别是与猫、狗有关，那么得到的神经网络的特征也是与猫、狗有关；自我监督学习不会人为确定要学习猫或狗的模型，这时得到的特征会更具普遍性。然而，自我监督学习也有不足之处，由于它属于比较新的算法，因此它的神经网络模型很难找到。相对应的监督学习模型就很容易得到相应数据。

第二个要考虑的点是要在什么样的数据集上进行训练。假设我是想看怎么把图片分成不同的猫，我有很多图片是与猫有关的。这个时候我有两个不一样的神经网络，第一个神经网络是用动物图片进行训练的，第二个神经网络是用X光进行训练的。我们可以发现第一个数据集与我自己的数据集更相似，所以这个数据集可能会存储很多诸如动物的皮毛特征。这时候我应该选择这样的数据集，而不是选择X光的数据集。因为后者数据集的神经网络特征与我自己的数据集是没有太多相关性的。所以说我们也要去考虑，别人使用的神经网络数据集与我自己的输入集之间相似度有多大，这就是我们要考虑的第二个点。

第三个要考虑的点是我们要使用什么样的模型。我们前面介绍过神经网络有很多不一样的层。比如AlexNet是一个比较简单的神经网络，它只有比较少的层次。后来提出的一些神经网络，如VGGNet、ResNet层数就比较多。一般来说，比较复杂的模型能够提取到更好的特征。一般我们会用VGGNet或ResNet这种复杂一些而不是简单的神经网络。下面来看两个具体的研究。

第一个研究是微博中与群众运动有关的图片，主要是一些街头抗议，包括讨薪、房地产开发争议等。我们使用了上述三种不同的模型来看聚类的方法有什么不一样。值得注意的是，在迁移学习的时候，我们选择了两种不同的神经网络。第一种是监督学习的神经网络，它是在ImageNet数据集上训练的；第二种是在自我监督学习的数据集上训练的。我们可以发现词袋模型把图片分成了六类，第三、四、五类基本都是文字图片说明，它能够把文本的图片都识别出来，这是它比较好的地方。但是，我们也发现它分出的第一类和第二类比较杂，我们很难从这两类中分别得出较为具体的主题。此外，不管给词袋模型什么图片，它的算法都是一致的，而不会根据图片的内容做出调整，因此，词袋模型并不是一个非常好的方式。

第二类是从自我监督学习来看，这类方法也不是一个非常完美的图片分类方法。首先，它没有提取文本类别。其次，其他类别也非常杂。出现这种情况很重要的一个原因在于我们的数据集比较小，只有16000张图片。一般使用自我监督学习可能需要数百万张图片才能得到一个比较好的效果，然而社会科学家使用的数据集都比较小（几万张图片），因此这些方法就很难帮助我们发现图片中不同的类别。

第三种方法是迁移学习方法，而且非监督学习和自我监督学习的迁移学习基本都能够帮助我们发现比较好的类别，非监督学习将我们的数据分成了几类：第一类是社交媒体上有黑色边框的截图，第二类是包含文字的文件、声明等，第三类是社交媒体上的文字截图，第四类是人群聚众的照片，第五类是近景的人群照片，第六类是没有人的建筑照片。我们可以想象这些图片对应到群众运动的具体阶段，比如，聚众的照片可能意味着群众运动已经发展到了线下，可以考虑怎么把这些不同的图片进行分类，然后与我们关心的问题结合起来。

监督学习也是一个比较好的聚类方法。有的是社交媒体上的截图，有的是起诉书或者签名，说明文本的信息基本被识别出来了。第一类基本都是近景的聚众照片，第二类是远景的照片，可以发现迁移学习相比之前的两种方法效果更好。所以，接下来我们主要来看怎样完善迁移学习的方法。比如，怎样选择迁移学习中要使用的卷积神经网络。第二个研究是看迁移学习中神经网络所使用的数据集对最终结果的影响。

在这个研究中，我们关注与气候变化相关的图片。在气候变化中会使用很多视觉上的信息来进行传播。视觉消息种类很多，包括数据、文本的可视化、动物、会议、自然灾害、自然风光以及街头抗议等图片。由于气候变化相关的图片多样性很强，我们应该怎样自动地把不同种类气候变化图片区分出来。我们使用的还是VGG16模型，但是使用了三个不同的数据集。

第一个数据集是ImageNet，有1000个物体类别，有大约1兆图片，是一个多样性很强的数据集，包括动物、自然场景、珊瑚礁、电影院、餐馆、汽车、气球、信封等，是一个包罗万象的数据集。因为这个数据集有很多的物体类别，适用于各种各样的场景，因此是一个经常被使用的数据集。第二个数据集叫Places365，这个数据集主要包括场景图片，比如会议室、教室、厨房以及室外的街头、摩天大楼、森林、海洋等。由于气候变化的图片与场景的相关度很强，那么可以预测这个数据集能够帮助我们对气候变化的图片进行分类。最后一个数据集是VGGFace，它主要以人脸图片为主，包含了2兆多的相关图片。由于气候变化类的图片人脸信息相对较少，所以可以预测VGGFace数据集的表现应该是最差的。

首先，我们使用ImageNet数据集，它确实帮助我们发现了图片中的一些具体的类别。第三、五、七类都是一些文字信息，主要通过文本传递信息来让受众认为气候变化是一个非常严重的问题。同时，也可以看到它会使用一些图案等，所以这是一个比较重要的类别。第一类主要展现人物在自然环境中的状态，可以看到这些图片主要是表现一个人或几个人在自然环境中是怎样生活的，而且是远景照片，这一类图片与文本的消息很不一样。第二类主要是人群的照片，包括会议室、街头抗议等，是与气候变化相关的社会运动角度。第四类主要是个人或者几个人的照片，而不是人群。最后一类是自然风光的照片，它主要展现与气候变化相关的自然环境、自然灾害等。这样的分类方法能够帮助我们发现与气候变化相关图片中不同的传播类型。

使用Places365数据集进行分类也能够帮我们发现文本消息。其中第二、四、五、七类都是文本信息。第一类是自然风光的场景，但是它和

ImageNet 中第一类之间有细微的差别，因为 Places365 主要是根据场景进行分类，所以它可能有人也可能是没有人的。这个聚类主要是根据场景进行的，例如，第三类主要是会议室，第六类主要是街头抗议等，而最后一类是把风力发电厂的照片都全都找了出来。可以发现，这两类数据集都能够帮助我们找到一些比较有用的图片类别。但是这两类数据集的侧重点不一样。

VGGFace 数据集的分类主要集中在人脸上，那么它的特征提取也主要与人脸有关，可以发现第三类和第七类都是人脸照片。然而，该数据集在其他类别上的表现不是很好，例如，第一类和最后一类都有很多杂乱的照片，第六类也不太清晰。因此，该数据集用在气候变化上就不会有很好的表现。通过比较这三个数据集得到的聚类结果可以发现，选用不同的数据集对获得的图片类别有很大影响。

因此，对于图片的分类方法，最重要的挑战是怎样找到一个第一维度的特征提取方法。我们讲了三种不同的特征提取方法，第一种是词袋模型，第二种是自我监督方法，第三种是迁移学习方法。可以发现，迁移学习基本上是最好的一种方法，但是，在迁移学习中使用不同的训练集会对最终结果有着较大的影响。因此，选择的迁移数据集最好与自己的数据集有着最大相似性，这样得出的结果才会是最好的。

总的来说，这个研究主要是介绍计算机视觉中一些比较具体的原理和方法，而且这个研究现在处于正在写作还没有发表的阶段。气候变化尤其是环境传播话题中图片的使用是非常多的，通过这个研究可以帮助我们发现传播环境议题时什么样的图片最有效，因此，这是一个很有意思的话题，笔者也希望尽快地把这个研究发表出来。

（四）计算机视觉的方法分析美学特征

这部分会介绍一个与之前不同的研究角度。不仅关注图片内容，同时关注图片中的美学特征，如构图、色彩等。此外，研究也关注图片的产生，研究用户如何使用图片表达自己的情感等。

我们知道人们可以通过文本中语言的使用了解人们的心理特征、社会情境等，而图片文本的使用可以预测个体的人格、抑郁程度、社会阶层、主观幸福感等内容。学者Pennebaker（彭尼贝克）提出，"人们在日常生活中使用的词语，可以揭示他们社会和心理世界的重要方面"，认为语言的使用能够反映出我们的内心世界。但是，在当下的媒体环境中，很多人是通过图像来表达自己的情感和内心世界的。图2-3-2是教皇宣布就职的照片对比，可以发现2005年可能只有一部手机，可是到了2013年几乎每个人都在拍照。这也是当下媒介使用的趋势，越来越多的人使用手机来拍照、分享图片等进行自我表达、情感表达以及社交等。因此，我们不能只关注文本的使用，还要关注图片在交流中是如何被使用的。此研究中我们主要关注情感，研究读者在表达正面或负面情感时使用的图片存在怎样的差异。

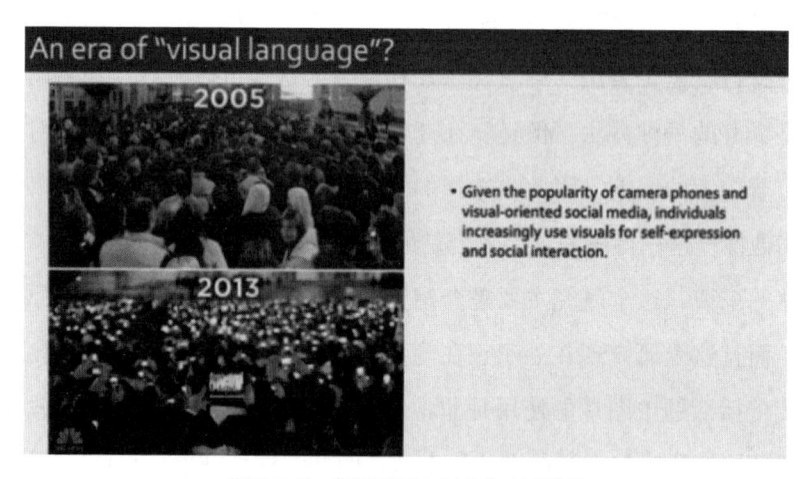

图2-3-2 "视觉语言时代"的举例

简单介绍一下不同的情感理论。第一个情感理论是将情感看作不同的维度，例如，第一个维度是效价，意指情感的正负性。正性情感包括快乐、满足、放松、平静等，负性情感包括悲伤、焦虑、愤怒、紧张等。第二个维度是唤醒度。有些情绪会使人非常激动，例如愤怒、焦虑、兴奋、快乐等就有着较高的唤醒度，有些情绪是使人放松，如悲伤、无聊、困倦、平静等，这种唤醒度较低。这个情感模型就是把情感分成了包含效价和唤醒的两个维度。

另一个情感模型是将情感看作不同的类别，有的模型认为有六种基本情感，包括快乐、愤怒、恐惧、悲伤、恶心和惊讶，对于不同的情感本质上是不一样的。动画片《头脑特工队》里把"惊讶"去掉了，只保留了五种基本的情绪。有些情感模型也包括羞愧、尴尬等情绪。

之前有很多研究是关注社交媒体上的内容生产和情感表达的关系，其中一种研究方法是让用户做人格、心理健康等问卷，看受众自我报告的结果与社交媒体中的内容生产存在怎样的关联。例如，有的研究发现，在社交媒体中的点赞内容、语言特征、社交网络特征等能够预测用户的人格。最新的研究是关注用户在社交媒体上使用的头像与用户的人格特征以及抑郁程度之间存在什么样的关联。值得注意的是，这种思路确实能够通过用户的自我报告获取他们的抑郁、焦虑程度等信息，但这种长期积累产生的情感状态比较单一，无法知道用户在看每个图片时的情绪状态，这是其中一支的研究。另一支研究是看社交媒体中与抑郁相关的图片具有什么样的特征。之前的研究主要集中在心理健康领域，包括焦虑、抑郁等情感方面，研究这类图片的美学特征、内容类别等。

由于社交媒体中的情绪表达是一个经常被关注的学术问题，因此，在笔者的研究中，主要探究社交媒体用户表达不同情感时所使用的图片是什么样的，而且我们关注的不仅是焦虑、抑郁等与心理健康相关的负面情绪，还有快乐、兴奋、愤怒等情绪。

研究中，我们关注Instagram用户给图片打上情感标签时使用的图片存在什么样的差异。我们选取了56个经常被提及的不同情绪，并使用软件将这些与情感相关的所有图片（2019年某两周内）下载了下来。然后对每个标签随机选取1000张图片，排除与情感无关的标签，最后保留了分属100多个情感标签的约9万张图片。这些图片并不是每个情感标签都与情绪相关，例如"愤怒"（furious），但它的相关图片主要与电影《速度与激情》（Fast & Furious）有关，"惊恐"（horrified）主要表示一个桌游，因而都被删除了。还有一些情感标签主要与某类活动或场景相关，但是这类情感标签是与情感相关的，因而保留了它们。

需要强调的是，这些情感标签并不一定代表用户当时的心理状态，他们可能在不快乐的情况下给照片或图片打上了快乐的标签。因此，这个研究中主要关注的是，当用户想去表达某种情感时，他所使用的图片是什么样的，而不是说当用户感受到某类情感时使用什么样的图片，这里有细微的区别。

那么，我们会看到图片的什么特征呢？在做文本分析时，我们会关注两类不同的文本特征，第一类是文字的类别，例如在内容中是否会提到自己的家庭、身体、工作、金钱、宗教等。同时，还有功能词，如代词或非正式的词，这些词与内容不是直接相关，但能帮助我们获取到一些有意思的规律。

我们在关注视觉语言时也想关注图片的内容和它的美学特征，例如颜色、构图等。首先，我们看这些图片有没有脸，前人的研究发现抑郁者会容易关注自我，但是与他人的交际较少。因此，抑郁的社交媒体用户可能会发布很多自己脸的照片，但是这些照片通常只有他自己而非很多人。这是一个比较有意思的现象，我们可以认为他们图片中的情感表达应该是与他们的情感相关的。

第二类是文字使用。在社交媒体上经常能看到有文字的图片，之前的研究发现，在视觉为主的社交媒体平台上大家更愿意展现积极的情绪，而非负面的。之前研究也发现，Twitter上比较抑郁或者焦虑的用户发布的图片会含有更多的文本信息。我们的研究也关注文本，可以使用人脸识别的算法来看图片有没有脸，使用文字检测算法来看图片中文字含量是多少，也可以使用非监督学习的算法提取图片的内容。

在这项研究中，我们探究了图片内容与情感之间的区别。具体发现了八类内容（图2-3-3），第一类为是否有人，第二类为是否有文字，第三类是一些艺术品或物体（如项链、文身、漫画等），第四类是自然风光照片，第五类是食物照片，第六类是建筑照片，第七类是宠物、动物照片，最后一类为汽车的照片。

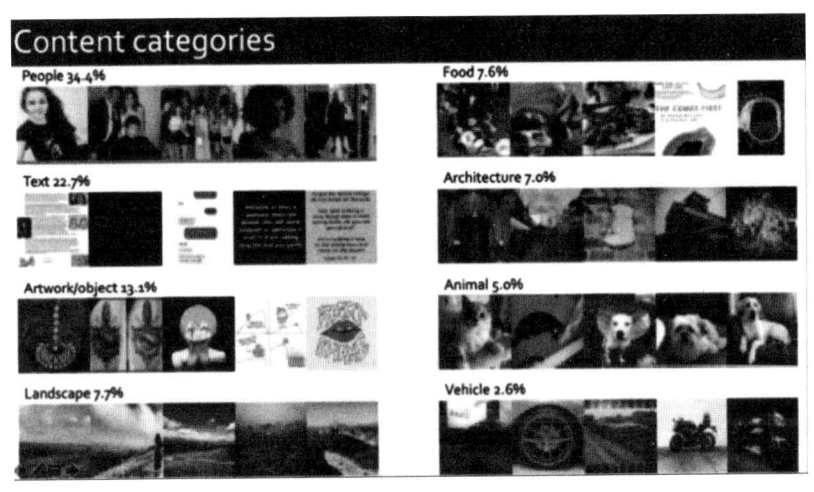

图 2-3-3　图片内容的分类

同时，在美学上我们也关注到了一些特征。一般色彩有三个不同的维度，种类、色度和饱和度。之前有研究发现，负面情绪主要与低亮度以及偏灰色的图片相关联，相对应地，普通人可能会喜欢冷色、暖色等。因此，我们想知道色彩和情感有怎样的联系。

另一个我们感兴趣的变量是图片的复杂度。之前有研究发现，相较于复杂场景，简单的场景会让人感到放松。可以发现，不同图片的复杂度与感情是如何联系起来的。值得注意的是，之前的研究主要是从效果角度研究不同图片对受众情感有什么效果。在这个研究中，我们进行了反向思考，也就是当社交媒体用户想要表达某类情感时，他是否会使用不同的图片来表达这种情感？我们也关注了图片的对比度、模糊度等与图片情感之间的关系。

接下来，讲一下我们怎么使用计算机视觉方法获取图片的美学特征。如果我们想看不同颜色的数量，可以使用别人已有的数据集对色彩进行归类。可以将图中蓝色的天空归为蓝色，粉色的樱花归为粉红色，竹子归为绿色；在另一张图中将墙壁归为黄色，把绿色的服饰归为绿色，蓝色的地面归为蓝色，这样就可以获取图片中不同色彩的占比。如果想看图片的亮度，灰色图像是从0到255的数值，0指黑色，255为白色，通过计算平均值可以知道图片的亮度是多少。把这里的25张图片的亮度算出来并按大小进行排序，可以看到最上面是亮度比较低的图片，而最下面的是亮度最高的。类似的方法也可以把图片的鲜艳程度算出来，后面可以研究鲜艳程度、特征复杂程度等与情感之间有怎样的关联。

构图上的复杂程度主要看图片背景是否简单，在图片元素角度可以看色彩是复杂还是单一。这都可以用计算机视觉的方法计算出来，例如，可以用Edge Detection算法，找出图片中所有的边，如果一张图片中包含的边比较多，那么它应该是一个比较复杂的图片，反之如果它包含边比较少，就应该是一个比较简单的图片。同时，也可以计算图片中点和点之间的距离是怎样的，如果点和点的距离比较大，可以知道图片中的物体是广泛分布在整个图片中的，相反如果距离比较小，就说明图片中的物体基本上是集中在一起的。通过这样的算法我们可以计算出图片的复杂程度以及图片的美学特征。

接下来可以看到一系列在社交媒体中与不同情绪词标签联系起来的图片，并且会使用一个词库。这个词库将不同的情感标签在正负情绪维度上进行了区分，这些情绪维度是用Amazon M tag（亚马逊M标签）人工进行评级的。正面的情感词包括happy（高兴）、joy（喜悦）、love（爱）、hopeful（希望）等，负面的情感词包括depression（抑郁）、depressed（抑郁)、sadness(悲伤)等,高唤醒的情感词包括excited(兴奋)、anxious(焦虑),以及低唤醒的情感词relaxed(放松)、calmness(冷静)、calm(平静)等。接下来就可以把评级和不同图片特征之间做一个回归分析,看它们之间的关联具体是怎样的。

从美学特征来看,表达正面情感的图片通常有更高的对比度,色彩也更加丰富,更容易使用比较冷或暖的色彩等,而不太使用黑色、白色、灰色等颜色,它的色彩丰富度也比较高且图片比较复杂。此时可以发现,图片的美学特征确实与社交媒体用户想表达的感情关系紧密。把这些情感标签词根据图片的复杂度和鲜艳度做一个区分(图2-3-4),用一种颜色的字母代表正向情感,另一种颜色的字母代表的是负向情感,圆圈的大小代表了唤醒度。可以发现正向情感使用的图片色彩都比较鲜艳,例如愉悦(amusement)、自豪(proud)、自尊(pride)、惊讶(surprise)等,这些词使用的图片颜色也比较鲜艳且图片相对复杂。而负向情感的词是悲伤(sadness)、抑郁(depressed)、伤心(hurtful)、受伤(hurt)等,这些词对应的图片相对暗淡。

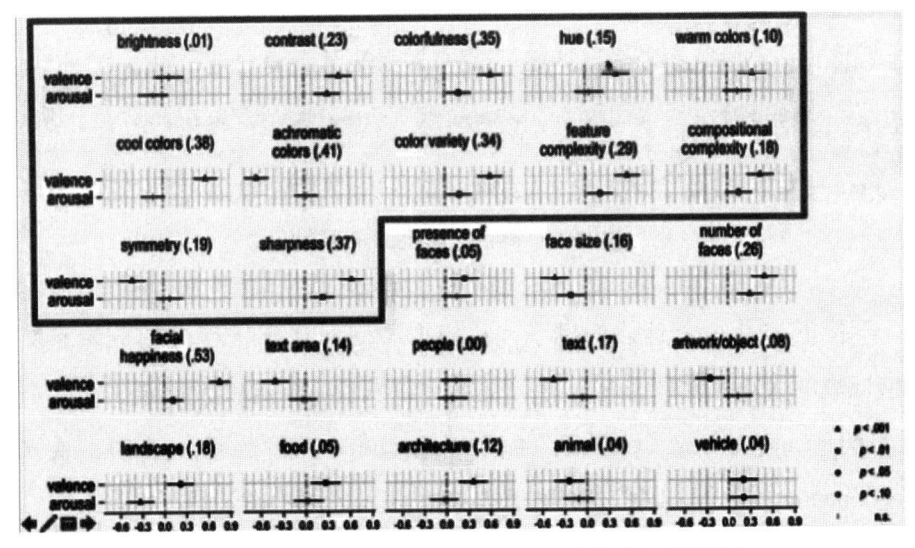

图 2-3-4 根据图片的复杂度和鲜艳度的情感标签词区分

具体的情感标签，如说"高兴的"（joyful）明显比"伤心的"（hurtful）色彩丰富程度更高。其中，"伤心的"这类情感标签中下方的图片基本是白色、黑色的背景。因此，可以认为不同的情感词所使用的美学特征是不一样的。对比"自豪的"（proud）与"抑郁的"（depressed）区别，可以看到"抑郁的"类别中有非常多黑色、灰色的图片。而不同的情感词在内容上也有一定的区别（图2-3-5），正向的情感词通常伴有脸的出现，这些脸通常比较小，人脸数比较多（说明是很多人聚会的图片）而且显示出快乐的表情，此外，这些图片配文字、艺术品以及动物都较少，更多的是食物、建筑、自然风光。

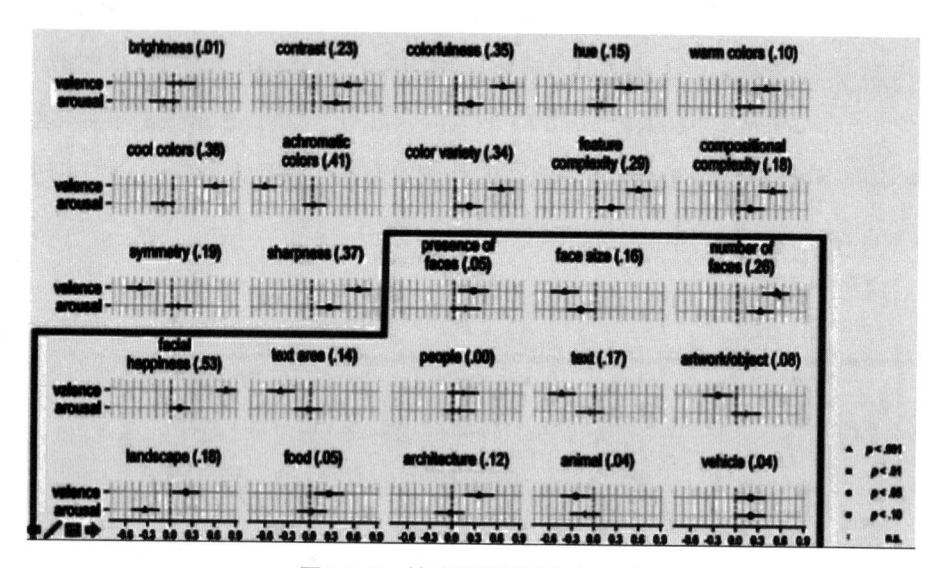

图2-3-5 情感词的配图内容区别

接下来看一个具体的例子，我们把不同的情感词在脸的数量和文字区域的大小两个维度进行了划分，可以发现，正向的情感词，如兴奋（excitement）、自豪（proud）、惊喜（surprised）、感激（grateful）、感兴趣（interested）等，对应的脸的数量比较多，且图片通常是有很多人在一起的社交场景。负面的情感词，例如心烦（annoyed）、疲惫（tired）、生气（angry）、绝望（despair）、压抑（depressed）、伤心（hurtful）、焦虑（anxiety）、受伤（hurt）等，基本是一个人的照片，并会使用很多文字，而且这种文字会使用白色或黑色的背景。文字的使用实际上是社交媒体用户传达情感的一种方法，像"渴望"（craving）主要与食物有关，对应的通常是暖色的食物照片，"放松"（relaxation）主要是与海边、沙滩相关的照片，对应的多是蓝色。整体上不同的情感词对应的内容是不一样的。

总的来说，通过这个研究我们发现社交媒体用户不仅是视觉信息的接受者，同时，他们也非常积极地参与到图片的产生和流行中，他们在表达不同情感词的时候，所使用的图片在内容、美学特征上都有很大的区别。因此，这个研究可以帮助我们认识到人们如何借助社交媒体上的视觉语言表达自己的情感，同时这个研究也发现与结构相关的美学特征能够用计算机视觉的方法捕捉到。之后如果大家对这类研究感兴趣，也可以用计算机视觉的方法去测量这些美学特征，来看它与你感兴趣的变量之间的关系。

最后，关于用新技术的时候描述性研究与后面的解释性理论框架之间如何去对应的问题。第一，使用个性化理论，主要看文本上是如何展现个性化的。对于运用到具体的场景中，可以看个性化的概念，它在图片上是怎样对应的，有哪些具体的策略展现个性化概念。第二，需要考虑如何把在图片中发现的规律、在数据中发现的规律与之前的理论框架结合起来。第三，描述性研究本身也是有价值的。因为计算传播兴起之后，越来越多的传播学者开始承认描述性研究也是有价值的。既要挖掘出描述性研究中能够给我们带来的启发，同时也要想怎么把观察到的规律和之前的理论框架结合起来。

视频也是一个非常重要的视觉数据，比如，TikTok、抖音、YouTube等最近都非常火。这些短视频平台其实并没有被传播学过多地关注，因为视频分析是非常难的一项任务。所以，下一个比较前沿的方向是怎样使用计算机视觉的方法来分析视频。此外，关于人物的手势、颜值能不能当作变量。手势是可以进行区分的，在政治传播中，手势会影响到人们对政治家的态度。颜值方面，因为不同的文化、种族、不同性别的人对于颜值的看法是不一样的。如果在中国文化背景下训练的一个关于颜值的计算机视觉模型，是不能直接运用到西方背景下的，反过来也一样。所以，颜值这个变量需要比较审慎地去考虑它在文化、种族方面的因素。

【整理：郭婧一】

第四节　研究如何选料：实证研究的数据质控

【本节要点】

本节探讨实证研究中经验数据获取的数据质控。从不同视角看影响样本量设置的统计因素、传播学研究中样本量设置的现实状况、数据质控需要考虑的因素、数据质控实操等，提示研究者数据收集不易，在技术问题的背后，更重要的是意识的问题，在选材的过程中，有非常多的问题要考量，需要对各个领域的知识有深入了解，才能做出综合的判断。

【作者简介】

沈菲，美国俄亥俄州立大学传播学博士，现任香港城市大学人文社科学院媒体与传播系副教授，中山大学传播与设计学院珠江学者讲座教授，复旦大学信息与传播研究中心兼职研究员，中山大学互联网治理研究中心特聘研究员。2015—2016年哈佛大学柏克曼互联网与社会研究中心访问学者。现任传播学研究方法国际期刊 *Communication*

Methods and Measures（《传播方法与措施》）副主编。主要研究领域为公共舆论、媒介效果、政治传播与计算社会科学。曾在 *Communication Theory*（《传播理论》）、*Journal of Communication*、*Communication Research*、*the International of Press/Politics*、*International Journal of Public Opinion Research*（《国际舆论研究杂志》）、*International Journal of Communication*、*New Media & Society*（《新媒体与社会》）、*Computers in Human Behavior*（《计算机与人类行为》）等国际顶级期刊发表SSCI论文二十余篇。

实证研究的最大目的就是去发现社会上关于人和事物的规律。所谓经验主义就是依赖于人的五官，依赖于我们的感知来了解这个世界。如果你获得的经验材料有问题，那么后面一系列的研究过程、结论、阐释等都是不可靠的。一篇论文通常最先被阅读的是研究方法部分，如果研究数据靠谱，其他部分才会被进一步阅读。判断数据质量的第一个标准就是样本量。社会科学研究中，对样本量没有明确的规定，但不同的研究范式有其各自的思考。

一、从不同视角看影响样本量设置的统计因素

（一）问卷调查的视角

问卷调查法兴起于"二战"时期，统计学家发现可以通过样本来推断总体。当采用问卷调查法来进行研究的时候，以下因素会影响样本量：总体量；误差容忍度；总体异质性/总体变异程度。

透过样本去推断总体的时候，最后的结论总是一种猜测。猜测在某种程度上会与一定的概率相关联，这个概率就属于可容忍误差。误差容忍度

负向影响样本量。对误差的容忍度越高，所需要的样本量就越小；对误差的容忍度越低，所需要的样本量就越大。在传统的问卷调查研究中，误差容忍度通常以百分比的形式显示。

误差容忍度与置信区间是天然联系、不可分割的。在社会科学研究中，一般设误差容忍度为±5%、置信区间为95%。样本量越大，接近总体真实值的可能性就越大，数据的稳定性也会增加。

总体异质性反映总体内部个体的差异程度。简单来说，研究总体的异质性越大，研究所需要的样本量就越大。在问卷调查中，很多时候是以二元变量来衡量总体变异程度的。对于一个二元变量来说，总体变异程度最大为50%对50%，总体变异程度最小为0对100%。如果要考察连续变量的总体变异程度，则需要计算方差。

在实际的研究中，误差容忍度具有固定值，总体变异程度又很难把握，为了实验能够顺利进行，研究者们常常会通过以下一些方案确定研究的样本量。

其一，从经验出发，参考已发表的相似研究中所采用的样本量。

其二，使用公式[①]进行计算。

• 公式一：$n_0 = \dfrac{Z^2 pq}{e^2}$（Z为误差容忍度，通常取1.96；p、q为变异程度，通常均取0.5；e为精确度，通常取5%）

使用场景：假设总体很大。

问题：根据此公式计算出的样本量总体为385。

• 公式二：$n = \dfrac{n_0}{1 + \dfrac{(n_0 - 1)}{N}}$（N为总体）

使用场景：有限总体矫正。

---

① 公式一、二、三，参见：COCHRAN W G .Sampling techniques［M］. 2nd ed.New York：John Wiley and Sons，1963. 公式四，参见：YAMANE T. Elementary sampling theory［J］. Techno metrics，1967，10（3）：621-622.

- 公式三：$n_0 = \dfrac{Z^2 \sigma^2}{e^2}$（$\sigma^2$为总体方差）。

使用场景：变量为连续值。

问题：σ^2值很难准确获知。

- 公式四：$n = \dfrac{N}{1 + N(e)^2}$（e为精确度，取5%；N为总体）

问题：根据此公式计算，样本量的上限为400。

总结上述公式可以发现，样本量的极限基本为300—400。国外有两个著名的平台可以计算样本量，一个是Survey Monkey，另一个是Qualtrics，这两个平台计算出的样本量上限均为385。但是这就引发出一个问题，当总体量巨大的时候，385的样本量真的能具有代表性吗？因此，除非专门做民意调查，一般情况下，问卷调查的结果都是不可靠的。

（二）控制实验的视角

控制实验的关注重点在于差异，该视角也有其历史渊源。1996年，当时发表的许多重要心理学论文均采用了很小的样本量来做研究，为了探究其对心理学研究可信度的影响，以及梳理出心理学研究中合适的样本量范围，美国心理学协会成立了统计推断专案组。根据专案组的结论，样本量要根据研究的效应量来决定。

研究效果量涉及一个新的概念：统计效应量（statistical power）。统计学校盈利是一个条件概率值，条件为在真实存在某个效果的前提下，有多少可能检测到这个效果[①]，即效应量的大小。简单来说，效应量越小，需要的样本量就越大。统计效应量可以计算出来，但这种计算常常带有主观性。

---

① DESCOTEAUX J. Statistical power：an historical introduction [J]. Tutorials in quantitative methods for psychology，2007，3（2）：28-34.

（三）统计分析的视角

问卷调查视角关注的是一个数值，而控制实验视角关注的是两个数值之间的差异，这是两个完全不同的方向。随着统计方法的日益完善，学者不仅仅满足于比较两个数值的大小，而且做各种各样的回归研究或者更复杂的建模。因此，在统计回归视角下，研究者也对样本量的计算提出过纯统计理论的估计，主要有以下几种。

其一，简单估计：最小样本量=自变量个数+50。

其二，阶梯式估计：2—3个自变量，需要约100的样本量；9—10个自变量，需要300—400的样本量。

其三，量化公式：$(8/f^2)+(m-1)$ $f^2=R^2/(1-R^2)$（f^2：效果量；m：自变量个数）。

其四，早期比例估计：样本量/变量=5/1（最差情况）；样本量/变量=20/1（最好情况）。

其五，后期比例估计：样本量/变量=70/1—119/1。

总的来看，上述方法仅适用于普通回归分析，如果在研究中涉及地域差异、组织差异等的比较，样本量需要设置得更高。有学者提出，如果要做分组研究，则每组样本量至少应达到100。如果要进行多层回归分析，就涉及多层的变量和样本量。根据不同统计学家的计算，分组数和每组样本量略有不同。在自主设计研究时，不能单一地采纳某一位统计学家的观点，而是要多重比较、综合考虑。

二、传播学研究中样本量设置的现实状况

以《政治传播》（*Political Communication*）、《新媒体与社会》（*New Media & Society*）、《健康传播》（*Health Communication*）为例，选取2000

年、2010年、2019年三个时间节点，汇总各时间段发表的论文，分为问卷调查组、控制实验组、内容分析组，分析得出这20年来样本量变化的趋势。

（一）问卷调查组

2000年，绝大多数研究（80%—90%）的样本量在500以下，较少研究的样本量达到500—1000。到2019年，样本量在500以下的研究仅占约20%，部分研究的样本量甚至超过了1万。

（二）控制实验组

2000年，绝大多数研究的样本量都在500以下，20%左右的研究样本量是500—1000。而近几年，一些田野实验的样本量已经达到了1万多。

（三）内容分析组

2000年，绝大多数研究的样本量是200—500。而近几年，仅20%左右的研究仍采用200—500的样本量，30%研究的样本量超过1万。

三个组别进行横向比较，可以发现，内容分析组样本量的变化是最大的，因为随着大数据、自然语言分析等技术的发展，内容分析的成本也随之降低。控制实验组样本量的变化相对较小，因其所耗费成本较高。但总体上来说，各类研究的样本量具有越来越大的趋势，这种变化有利有弊。

对一个研究来说，如果仅追求样本量的大小，是不靠谱的。样本的"质"（怎样收集数据）也是不容忽视的，数据质控是必不可少的环节。对样本的"质"的考量包括：总体是什么？抽样框是什么？样本回应率为多少？实验被试是如何招募？数据收集的渠道有哪些？是否符合随机分配原则？等等。

三、数据质控需要考虑的因素

第一，总体异质性。总体异质性越强，越需要更多的样本量。第二，研究对象。如果是研究简单的现象，仅需要是否的答案，较小的样本量就可以达到目的；当考量变量之间的关系时，情况就会变得更加复杂。第三，研究的理论深度和创新程度。如果所做的研究已有非常翔实的参考材料，对样本的质量要求就会更高。如果此前的相似研究很少或没有，对样本的质量要求就相对低一些。第四，现象特殊性。普遍的问题，对样本的质量要求会更高；特殊的问题，对样本的质量要求相对较低。第五，规律变异程度。规律变异程度低，对样本的质量要求低；规律变异程度高，对样本的质量要求高。

如果向研究期刊投稿，哪些数据容易被"秒拒"呢？第一，微信朋友圈收集的样本；第二，大学生样本；第三，借助平台招募但不使用平台样本库的样本；第四，未进行随机分组的实验数据；第五，使用不规范、不权威的大数据平台获取的数据。

四、数据质控实操

（一）对问卷调查样本的质量控制

首先，面访问卷调查，需要设置严格的抽样框架。

其次，网络问卷调查，必须进行配额设置；使用平台样本库而非自主邀请；事先调查问卷公司背景；关注问卷公司样本库人口特征基本信息；建议设置过滤问题；数据收集后需自行进行质量检查。

（二）对大数据样本的质量控制

首先，需要认识到，互联网不存在总体抽样框架，所以收集数据时尽量选择可靠的平台为依托，研究特殊话题需登录特定平台的除外。

其次，通过关键词检索和抓取数据时，要注意判断关键词的效度。

再次，要谨慎决定抓取数据的方式（自行抓取、第三方软件抓取、服务公司抓取等），学会判断各种抓取数据方式的可靠性。

最后，所有注意事项都归结于最重要的一个问题，即抓取到的大数据，是否反映了研究对象的真实情况。

总结

数据收集不是一项容易的工作，在技术问题的背后，更重要的是意识的问题。当你开始有研究想法、想收集一些数据的时候，不能随随便便地去找一些证据来证实或者证伪你的研究假设。在选材的过程中，有非常多的问题要考量，需要对各个领域的知识有深入的了解，才能做出综合的判断。

这些综合的判断包括：需要多少样本？样本从何处获取？获取方式是否随机？样本是否具有代表性？研究总体是什么？研究现象是否具有特殊性？研究问题是抽象性的还是描述性的？理论是否具有创新性？

所有的数据最终都是为研究服务的。大数据关注相关关系其实是一种工科思维，更关注解决问题本身，而不解释因何选择解决问题的工具。其实并不是大数据本身导致了注重相关关系，而是其处理事物的方式导致的，因为大数据的使用通常是为了解决问题，而不是为了解释原因。

【整理：杨雅云】

第三章
传播学学科发展与范式

本章导读

  互联网、VR（虚拟现实）、AR（增强现实）、MR（混合现实）、区块链、元宇宙、量子力学等新技术在为人类打开诸多新意义空间与建立诸多复杂连接方式时，亦使传播学科产生强烈的身份焦虑。此焦虑促使学者们回归原点概念"媒介"，重构传播学的学科边界、理论范式与研究方法。在本章，喻国明教授高屋建瓴地纵览了传播媒介的历史演变脉络，并预测未来媒介的终极演进将是"场景时代"、"元宇宙"和"心世界"；姚振宇教授则从社会科学范式、理论与方法结合与交互角度，为重构传播学指明了方法与路径。ICA（国际传播学会）、AEJMC（新闻和大众传播教育学会）、NCA（美国全国传播学会）、BEA（美国广播教育学会）、CCA（中国传播学会）等国际会议主席云端聚首，共议传播学科面临的问题及正在实施的方案与举措。

第一节　元宇宙视域下的传播学学科重构

【本节要点】

元宇宙是人类社会的深度"媒介化",目前传播媒介正在经历从物理介质到关系介质、再到算法介质的深刻改变,未来媒介的终极演进将是"场景时代"、"元宇宙"和"心世界"。"元宇宙"在升维的意义上为互联网发展的全要素融合提供了一个未来的整合模式。

【作者简介】

喻国明,北京师范大学新闻传播学院教授、博士生导师。北京师范大学"传播创新与未来媒体实验平台"主任。主要社会兼职为国务院学位委员会新闻传播学学科评议组成员、北京市社会科学联合会副主席、中国新闻史学会传媒经济与管理研究委员会会长。主编《中国传媒发展指数报告》和《中国社会舆情年度报告》等。主要研究领域为网络舆情监测、大数据挖掘、传媒经济与社会发展、认知神经科学与传播学等。

一、把握未来传播的着眼点

（一）回到"原点"、回到现场，站在全局和时代发展的高点上重新划定学科的边界与框架

元宇宙，作为数字文明的未来愿景，可以从不同角度、不同方面进行解读和探究。因为笔者是做传播学研究的，所以就从媒介和媒介化的角度，来谈元宇宙在媒介发展的序列当中如何形成了这样的状态。面对今天的大变局，实际上有很多既有的发展逻辑，到今天已经面临着所谓的"破坏式"创新发展。所以，从我们已有的一些知识体系、规范体系和运作体系的角度来说，有很多东西已经低效、少效，甚至无效果和反效果。

因此，把握社会和时代发展的逻辑，就要有两个特别重要的着眼点。一个就是要回到原点、回到现场。马克思在100多年前就讲过，历史的逻辑从哪里开始，理论的逻辑也应该从哪里开始。

在学科发展的过程中，有很多中断、终结和问题，按照它的惯性和传统的逻辑去画延长线很难解读，在这样的情况下，我们需要重新把我们的关注重点拉回到原点，回到实践的现场。在一个巨大变革的时代，传统理论格局的发展已经历了所谓断裂式或者称作破坏式创新的发展。按照传统的理论逻辑，这种发展已经难以为继，因此，我们很有必要回到实践的现场对它进行重新的认识和所谓的归零。对于今天新闻传播学发生革命性改变的过程中，我们对于现实问题把握的重要参照点是它的这种改变本身并不是简单用数字化的技术、互联网技术所生产出来的所有的技术产物进行技术化改造的过程，中国的媒介融合的实践其实就已经给了我们一个很深刻的教训，就是把媒介融合看成互联网。

技术融入我们现有的产业价值链中去的过程，可以认为互联网化实际

上就是把互联网技术对于我们传统媒介的价值链条当中的每一个环节、每一个要素进行数字化、互联网化的技术化改造的过程。但其实，我们没有认识和把握到，这样的改变过程是结构性的改变，是标准的改变，是方式的改变。传统媒介进入互联网时代的发展过程并不是顺序性过程，而是一个量变的过程、羽化成蝶的过程、凤凰涅槃的过程，是传统媒介从内到外，从结构到目标、逻辑、运作方式全方位的改造过程。

（二）着眼未来，把握现实

在惯性发展的逻辑受到破坏中断之后，必然得把握事物发展的全新逻辑。过去，我们观察现代和观察未来的发展，实际上是用一种趋势外推的方式来进行相应的认识和把握，但是今天这种延长线已经难以为继。在这种情况之下，我们必须要寻找新的着眼点。从一定程度上来说，元宇宙实际上是全新的、未来的一个着眼点，这是元宇宙最大的价值。或许对于元宇宙，目前有很多的不同的认识、不同的争议，但是元宇宙最大的价值就是它为我们的数字文明时代确立了未来社会发展的具象型的目标。

在过去，对于数字社会的议论很多，但是数字社会并没有形成整体的发展图景。我们看到了互联网的发展，看到了大数据、人工智能、区块链以及VR/AR技术等的发展，都是按照自己的逻辑在自己的领域当中单兵突进式的发展，但是元宇宙的出现把这些所有的技术用一种融合的方式汇聚在一起，形成了一个未来社会的现实场景，这就是元宇宙为人们指明了未来发展的一个基本目标。元宇宙不是像大众传播以及互联网在刚开始的时候延伸人类的感官时用的一种单一的、割裂的方式，把我们的某一个感知通路与其他的感知通路进行屏蔽，通过技术手段使它能够得以突破时空等，这实际上就是裂变的过程。这种裂变把人类的听觉、知觉、味觉、嗅觉以及触觉用割裂的方式分离出来并加以延伸。

数字文明时代的最大特点是聚合的过程，核聚变式的过程，它实际上是把过去分门别类的技术、规则、社会方方面面的设施在一个新的基点上进行新的彼此之间的聚合的过程，以便形成未来的实践场景和社会现实的重构，这实际上就是元宇宙为我们指明了一个大的方向，指明了数字文明时代的一个产生价值、产生功能的最重要的方式是聚变，而不是裂变。所以，着眼于像元宇宙这种对于社会发展、时代发展的一些可确定性的内容，反过来再把握如今的社会现实、社会现象，我们就不会陷入所谓的现实现象的表象困扰和诱惑当中，我们就有可能抓住那些最具有未来发展意义和价值的事物，进行相应的理论上、实践上的可操作性把握，这就是传播学学科发展实践规程中重要的逻辑。

（三）战略问题解决"在哪做"和"做什么"，战术问题解决"如何做"，做正确的事比把事情做正确更重要

从根本角度来说，今天我们所面对的是战略性问题和战术性问题。战略性的问题，是无论进行实践还是理论学习的时候都特别重要的一个基本问题。一般来说，在社会发展的目标基本确定，社会发展的结构和逻辑基本已处于一种稳态发展的状态之下，战术性问题的解决，把事情做正确就变得特别重要，所以经常提倡的工匠精神，实际上就指的是在社会常态化发展时期谁能够走得更远，谁能够坐更多的冷板凳去持之以恒的努力，那么谁就可能会获得更多的价值和产生更好的效果。但是，在一个巨变的、革命性的、改变的时期，战略问题的解决，解决在哪做、做什么，这样的问题就显得更为关键和重要。如果方向性的问题不能得到比较好的解决，在一个虚妄的逻辑上、虚妄的现象上使用太多的精力和时间，那可能就是一种劳而少工，甚至是南辕北辙的结果。

因此，战略问题的解决像是系衬衣的第一颗纽扣，第一颗纽扣系对了位置，接下来的动作，哪怕慢一点，也是向着正确的方向在逼近和靠拢；

如果第一颗纽扣系错了位置，接下来动作再迅捷，也是南辕北辙，这就是在一个社会巨变的时候解决在什么地方做、做什么的问题，方向性选择的问题和目标选择的问题就变得异常重要。有一句话说得好，"真相是复杂的，真理是简单的；短期是复杂的，长期是简单的"。这可能就是我们着眼未来、把握现实的一个最基本的缘由所在。

二、影响中国传媒业发展的四大基本维度

第一个维度是政府规制，在发展的过程中已经时时处处感受到政府规制对社会运作的发生、社会资源的配置的强大作用。

第二个维度是市场产业，在不同的发展阶段上，市场产业对于我们把握竞争的重点、资源结构化过程中何为主导，何为次要起到了决定性作用。以互联网发展的上半场为例，这很大程度上是跑马圈地的过程，它通过互联网技术的初级连接来把社会进行普遍的连接，形成所谓的内容网络、人际网络和物联网络，进而形成一个巨大的网络空间，这就是网络化的过程，这也是互联网发展上半场的一个真相。其实，互联网发展上半场所造成社会功能和社会价值的变故，实际上都是由于连接一切。通过连接和再连接来实现社会资源的功能化、价值化的重构。从传媒经济学的角度上看，跑马圈地这个阶段实际上是规模经济发展的模式，投入的资源好、技术性能好、对市场敏感，就能够占据优势地位。

第三个维度是社会安全，过去我们缺少对这方面的认识，但是新冠感染疫情的发生，我们观察到整个社会运作的巨大变化。从更广泛的角度来说，被学者称为非传统安全的因素就是过去认为只有战争时期才叫非常态的发展，但实际上，第二次世界大战之后，整个世界在总体上迎来了几十年的和平发展，渐渐地，人们发现，在没有战争的情况之下，其实也有一些导致整个社会变故的因素，比如，疫情、社会动乱、金融体系的崩溃、

自然灾害等，这些都可能导致社会运作的非常态化。

这种因素与战争状态可能有某种相似性，在这种紧急状态之中，它实行的规则包括传播在里边所扮演的角色，以及相应的逻辑和目标，自由和权力的限度等都受到很大的影响。因此，当下研究社会安全对于传播逻辑、传播模式、传播构造、传播运动的发展，也是特别重要的任务。有学者经过研究指出，在今天虽然战争并不是经常出现的状况，但非传统安全的状况，已经从过去的非常态变成了今天常态化出现的状况，所以研究传播在这种非常态的社会安全出现状况的时候，它应该有什么样的运作目标、运作逻辑、运作法则等，它与常态的时期的发展之间的不同性，从常态到非常态如何转换，这些其实都值得去研究。当然，这里也有一些更为具体的问题，比如，适老化的问题，数字化的时代如何进行弱势人群的传播救济，实际上也是社会安全当中特别重要的一个研究课题。

第四个维度是技术革命，从技术性质的角度来说，可以把技术分为两种类型，一种叫作改良型的技术，另一种叫作革命性的技术。改良型的技术，它会引发结构要素、作用机制、运作逻辑的完善与调适，比如电影工业中的3D技术，立体电影极大地改善了人们的视觉感受，它使人们在观影的时候有身临其境的感觉，但对于整个电影工业的发展逻辑、发展目标和产业链的运作结构机制，并没有发生任何重大的改变，所以我们把这种技术的进入叫作改良型技术。

对于传播学领域来说，互联网技术和以后所出现的大数据、人工智能、VR和区块链以及元宇宙等都是革命型技术。所谓革命型的技术就是导致发展目标、基本构造、运作逻辑的根本性再造。这就是今天所面对传播发展过程中，理论发展的逻辑和实践发展的逻辑出现如此之大的困局，实际上是革命性技术在传播领域和社会领域当中进入和它根本性地对于社会现实的再造所造成的困境。比如，从Web1.0到Web4.0的发展演化逻辑，Web1.0是To B的，是新技术在产业端的蕴蓄与基础建设的发展阶段，而Web2.0

是 To C 的，是新技术在向用户端转移和普及过程中的爆发阶段。前者为新技术的社会的革命性应用提供了坚实的技术基础，后者则通过泛众化的技术应用的普及为技术逻辑演进、为社会逻辑提供了丰富的社会基础。同样，Web3.0是包含VR在内的5G、大数据、人工智能、区块链等技术的产业准备阶段，而一旦这一产业准备阶段完成，我们就将迎来Web4.0的巨大的社会性应用的革命性爆发。从权益的角度来说，Web3.0是对于用户权益的互联网确权系统。Web1.0的本质是联合，那么Web2.0的本质就是互动，Web3.0是在Web2.0的基础上发展起来的能够更好地体现网民的劳动价值，并且能够实现价值均衡分配的一种互联网方式。

在Web3.0时代，从用户的权益关系的角度来说，它能够使个人的权益与互联网公司的权益在一个平等的、独立的地位上来行使自己的权利。所以，Web3.0在未来互联网中的应用架构至少有三个方面：一是网站内的信息可以直接和其他网站信息进行交互和更新，能通过第三方信息平台同时对多家网站信息进行整合使用；二是用户在互联网上拥有自己的数据，并能在不同的网站上使用；三是完全基于Web，用浏览器即可实现复杂的系统程序才具有的功能。总而言之，Web3.0是一个广域的、广语的、广博的、跨区域的、跨语言的和跨行业的范畴系统，这个系统对于未来在整个市场主体、社会主体的发展过程中，更能体现分布式社会的个人和用户的平等地位。

三、媒介化时代的到来

（一）现代社会已然完全由媒介所"浸透"

随着大数据、云计算、人工智能技术在社会各个领域的广泛应用和参与，人类面临着数字文明时代的到来。社会整体的"媒介化"进程便成为当下社会发展和时代发展中最重要的主流趋势与潮流。媒介参与改变了社会的整体生态环境和人们的全部社会活动，除内容传播之外，媒介已经"跨界"成为重构社会生活方方面面的基础设施。所谓媒介化指的就是，由于媒介影响的增长，社会方方面面和各行各业发生了按照传播逻辑重组的全新变化。媒介化过程就是用媒体的逻辑、机制、传播模式，对社会生活的方方面面进行深刻改造的一个过程。媒介与人、与社会的关系达到前所未有的紧密度。无论是社会组织还是普通民众，从沟通交流到意见表达、日常生活、经济发展，无不依赖于媒介。媒介的社会角色不再仅仅是过去的媒介内容生产者和信息内容的传递工具，开始成为社会政治要素、经济要素、文化要素的激活者、连接者和整合者，成为社会架构和运行的组织者、设计者和推动者。面对数字文明的迭代发展，面对互联网智能媒介技术对经济社会发展，媒介作为人类生活的基本组成部分也逐渐发展成为当下社会关系构成的基础方式。

越来越多的媒介与传播学者洞察到这一社会"媒介化"的发展潮流：传播媒介的数量不断增加、类型日益多元，多种形式的媒介逐渐整合并融入日常生活实践中。学者指出"现代社会已然完全由媒介所'浸透'（permeated），以至于媒介再也不能被视为一种与文化和其他社会制度相分离的中立性要素"[1]，媒介是"我们呼吸的文化性空气"，所以他们认为已有研究范式不足以回答为什么媒介如此重要（而且越来越重要）的关键问题。[2]于是，一个旨在把握媒介嵌入日常生活更广泛后果的新概念——"媒介化"（mediatization）被创造出来，并在最近十余年迅速成为全球范围内媒介与传播研究的重要理论概念。

---

[1] HJARVARD S. Mediatization of society: a theory of the media as agents of social and cultural change [J]. Nordicom review, 2008, 29 (2): 105-134.

[2] COULDRY N, HEPP A. Conceptualizing mediatization: contexts, traditions, arguments [J]. Communication theory, 2013, 23 (3): 191-202.

但需看到的是，现有的媒介化讨论大多聚焦媒介对社会其他领域的他律作用，却相对忽略了一个对传播实践极为重要的研究命题——在一个"万物媒介化"（mediation of everything）的时代，媒介在重构整个社会的同时必然也重塑了自身场域；在新的社会结构中，传媒场域的角色担当或者说价值重点究竟发生了怎样的改变？对这个关键性问题的解答关系着新的传播现实下传媒业生存法则和目标模式的重新确立。而"元宇宙"恰逢其时地应运而生，成为我们理解社会是如何一步一步被媒介化的，并进一步探究未来深度媒介化阶段媒介自身的构造如何变革的基础逻辑，以期帮助把握在奔向元宇宙的进程中未来传播的样态构造及其价值的实现方式。

（二）媒介化：由于媒介影响的增长，社会方方面面和各行各业发生了按照传播逻辑重组的全新变化

要探讨媒介化社会语境下传媒的角色变迁，需首先厘清何为媒介化社会以及当前社会所处的媒介化进程，这其实涉及如何理解诠释媒介化的问题。

"媒介化"描述的是媒介传播技术变革和社会变迁之间全景式关系，如何理解媒介化？研究者们已经从不同视角出发来诠释其概念内涵。一部分研究者倾向于将媒介视为"一种独立的社会机构"，即将媒介"机制化"（institutionalized）；也有一部分研究者倾向于将媒介视为"一种社会情境"，即将媒介"情景化"（contextualized）。[1] 由此可以看出，这两种视角通过类似概念操作化的方法将媒介明确地界定清楚，即对媒介化的概念化偏向界定性。

正如丹麦学者延森所建议，为"给予概念的使用者在处理经验事例时一种一般意义上的参考和指导"，相比于界定性（definitive）概念，媒介

---

[1] 戴宇辰.媒介化研究：一种新的传播研究范式［J］.安徽大学学报（哲学社会科学版），2018，42（2）：147-156.

化更适合被理解为一种敏感性（sensitizing）概念。而所谓敏感性的概念最早是美国社会学家、符号互动论的主要倡导者和定名人赫伯特·布鲁默（Herbert Blumer）提出的，他认为，除了人们通常所熟悉的"界定性的概念"之外，还有一种概念形式就是"敏感性的概念"。他指出："界定性概念的准确含义，就是指通过对事物的属性或固定指标的清晰界定，来描述对某类对象来说具有共性的内容。"而敏感性概念则"给予概念的使用者在处理经验事例时一种一般意义上的参考和指导"。布鲁默强调，敏感性概念并不只是代表研究设计的先行性研究，或理论框架的研究设计、早期设想，从而具有"不成熟和缺乏科学复杂性"的特点。相反，它们首先是我们接近"自然社会世界"的必要条件，而且这些概念的丰富性会递增："敏感性概念可以被检验、改进和完善。其有效性可以通过对它们所应当涵盖的经验事例的仔细研究来验证。"[1] 其实，所谓"敏感性的概念"实质上就是一种实践范式意义上的概念，而媒介化恰恰属于这一概念类型。

为获得对媒介化概念更一般意义上的理解，不妨先回到媒介本身，从媒介自身属性来认识媒介化。不同于把媒介看作从经验上可感知客体的"工具"论媒介观，麦克卢汉提出"媒介是人的延伸"，揭示了一种去实体限制的隐喻的媒介观，这种媒即万物、万物皆媒的媒介观强调的是媒介作为一种中介物的抽象意义。可以从社会"结构二重性"（duality of structure）来进一步理解媒介这种中介物的意义——社会结构由行动者的行动建构，同时它又是人们的行动得以可能的桥梁和中介；[2] 从这个角度看，媒介作为人借以经验世界的技术与非技术的中介手段，是社会实践的构成部分，它遍布于社会，也构造了社会。也就是说，媒介是社会之所以成为社会的要素，那么媒介化其实就是社会结构化的一个组成部分和必要条件，也正是

---

[1] 延森.界定性与敏感性：媒介化理论的两种概念化方式[J].曾国华，季芳芳，译.新闻与传播研究，2017，24（1）：113-125，128.

[2] 张云鹏.试论吉登斯结构化理论[J].社会科学战线，2005（4）：274-277.

在这个意义上，"社会不仅因传递（transmission）与传播（communication）而存在，更确切地说，它就存在于传递与传播中"①，所以可以说，媒介化是一个元过程（meta-process），是关于社会的基本特性描述。

因此，从更广泛和包容的视角来看，媒介化是媒介构造社会的长期过程，其概念指向的是媒介如何影响社会构型，即关注不同媒介技术开辟出的新的社会行动方式和组织起的新的社会交往关系。简略地举例来看，货币让人们变得理性且精于算计，人们的生活速度加快且处于一种严格安排的节奏中；口语、铭文、羊皮纸等偏向时间的媒介帮助权威的树立和社会等级体制的确立；报纸、广播、电视等克服空间障碍的大众传播媒介带来社会交往的世俗化、现代化和公平化；等等。再以商品营销这一具体领域中社会行动方式的转变为例，商品营销手段随着媒介技术的发展而日益丰富：从口头吆喝到印刷广告页，到购买报纸广播电视广告位，到影视剧"软植入"，再到智能信息流广告，等等；即每种新的传播手段都会带来新的商品销售方式。概言之，"媒介化"范式描述的是媒介传播技术变革和社会变迁之间全景式的关系。

媒介作为连接人类的"中介物"已经不再仅仅是作为资讯内容的中介者，而且成为新的社会形态的构建者，媒介在现在和未来的社会当中，将扮演着最重要的角色。我们的作用、我们的眼光应该远远超出传统资讯范畴，投射到更为广泛的社会运动、社会重构中。这是今天和未来传播学专业的媒介人最重要的职能和角色重点之所在。

四、媒介历史演进的核心逻辑

在媒介的问题上，其实有两个核心概念——"媒介"和"新媒介"。

对于"媒介"这个概念，其实大家并没有太多异议，学术共同体对它

---

① 凯瑞.作为文化的传播［M］.丁未，译.北京：华夏出版社，2005：3.

的认识比较一致。它是一种桥梁、中介、介质，对于这样的属性大家都是认同的。但是对于什么叫"新媒介"，它本质的判别标准到底应该是什么，其实是有不同看法的。最早对于新媒介的看法，是从时间序列上的先后来看待和评判哪个叫传统媒介、哪个叫新媒介。但是后来人们发现，其实在时间序列后出现的一些媒介未必是一种全新的媒介，与过去出现的媒介之间并没有本质上的区别。

比如说在报业发展的历史上，在典型报纸的运作基础上，后期我们就发现出现了一种叫地铁报或免费报纸。它在具体的一些环节要素的倚重方面，与传统报纸的经济运行、社会运行是有所不同的。但是它的整个价值逻辑和目标实现，以及它的产生物其实与报业基本上是一致的。所以它还不能称为一种新媒介。它只是传统媒介、传统报业的一种变种形式。"新媒介"的本质并不是指这种工具实体在时间序列上的先和后。笔者很赞成以麦克卢汉为代表的传播学者对于"新媒介"的定义。他们认为，一个新的媒介的出现，并不是给我们提供了一种新的传播通路、传播渠道、传播技术，而是用新的技术提供了一种新的连接方式。而这种连接方式的到来，对于社会的资本、资源的重组提供了新的方式、新的标准、新的尺度，这就是新媒介之"新"的本质。也就是说，所谓的"新媒介"，本质上是看它是否为人类社会提供了新的连接方式、新的连接尺度和新的连接标准。

我们简单地回顾一下媒介发展的历史。原始社会时期，人们是用声音来进行交流和传播的。那么声音用嗓音这种方式来进行连接的时候，它就有两个重要的特性：第一个是同步性，他必须在场，你才能跟他进行交流互动；第二个是受制于一个生理器官的发音强度，它所能够传播的空间尺度是有限的，在十米、几十米的距离之内才能听得清楚。所以氏族公社时期，人类的组织都是小而又小的，基本就是十几个人、几十个人一个部落，连接在一起，因为他们所拥有的媒介形式本身并不支持更大范围之内的人群聚集。

后来人类就发明了文字，文字使信息的标准化上升到了一个台阶。再后来，人们又把一些文字刻在了龟甲板、岩石上，这样就使文字所代表的语义打破了时间的尺度，能够进行跨时间的传播。

随后，人们又发明了纸张，使书写的成本、记录的成本变得非常低廉，以便于能够进行大范围的分享。随着印刷术和活字印刷的发明，造成了整个文化形态，从过去少数人，比如贵族统治者才拥有的特权，开始发展为几乎每一个人都可以进行文化、资讯、内容上的分享。这在相当程度上唤醒了所谓的主体性，个人自觉意识得以启蒙。历史上所谓启蒙时代的到来，其实是与纸张、印刷术的发明联系在一起的，也形成了一个巨大的社会连接。

后来就到了大众传播时期。其实每一次大众传播的出现都在时空方面产生了一种全新的跨界，在连接层次方面有了一种扩张，在连接的颗粒度方面又不断地细化。比如广播，人们听到广播，第一个印象就是它无远弗届，只要电波能够到达的地方，它就能够进行相应的传播和连接。但是实际上广播还有另外一个特性——它相较于过去的报纸杂志，最大的一个特点就在于，播报者、主持人、新闻播报者、演讲者可以通过它进行一种情感和情绪的表达。而这种情感和情绪的表达，对于传播效率的达成是相当重要的。

我们都知道，历史上有"至暗时刻"，丘吉尔的国会演讲、罗斯福的炉边谈话，之所以能够起到激动人心、凝聚社会的巨大作用。除了他演讲的内容、他的逻辑力量之外，其实很大程度上还有他通过演讲的情绪、情感、声音所表达出来的非逻辑、非理性的关系表达、情感表达。这都是广播所带给我们的。

当然，电视更具有视频的在场感。电视其实除了新闻的现场直播式的可以直抵新闻现场，在很大程度上，电视又以这种俗媒介的形式，把世界上各个角落的文化形态用一种大众可以广泛分享的方式，使人类文化在全世界的范围内形成互动，形成所谓的交叉和杂交，从而形成文化的繁荣和活跃。这实际上是电视作为一个俗媒介非常重要的作用。

到了互联网时代，其实很大程度上它的连接层次也在不断地深化。比如说，它的这种感知通路，除了过去我们熟悉的听觉、视觉的延伸之外，通过现在的互联网数字化技术，未来我们可以有触觉，甚至有嗅觉和味觉等，都可以在数字人这种媒介物上面统一整合。在这一过程中，媒介连接层次不断被深化，时空维度不断被打破，连接的颗粒度也不断被细化。

说到这种颗粒度细化，普通老百姓在史书的记载中只是一个抽象的存在。即使是帝王将相，他们也只是在一些历史的关键场合的言论和行动被粗放地记录下来。因此，后来的人们对他们有很多的解读。而今天，哪怕是一个再普通不过的人，你的每一个购买行为、每一个位置移动行为、每一个阅读等信息都被电子数据所记录，形成对你整体的社会联系、社会状态的定义说明。

实际上，这在今天的互联网时代、数字化时代才能做到。而这种颗粒度的细化，又使人们的这种赋能、赋权有了完全不同于大众传播媒介时期的改变。整个社会结构也从过去的科层制社会变成了所谓的微粒化社会，或者叫分布式社会。整个社会的去组织化到今天的再组织化，其实呈现了一个非常大的革命性改变。这就是媒介的连接作用，不断地提供新的标准、新的尺度和新的方式。

到了互联网时代，我们习惯上把互联网的发展分成"上半场"和"下半场"。互联网发展的"上半场"，实际上是解决了人、物、信息的初级连接的问题。用一句话来说明这种发展的逻辑，就是它实现了或者说解决了任何人在任何时间、任何地点与任何人进行资讯传播内容的连接和沟通。即它通过形成人际网络、内容网络、物流网络、物联网络，形成资讯内容的互联互通和彼此之间的互动沟通。这就是互联网发展的"上半场"解决的关键问题。

互联网还要继续向前发展，数字化的技术革命还要不断推进。那么互联网发展的"下半场"要解决的关键问题是什么？在笔者看来就是任何人在任何时间、任何地点与任何人做任何事的社会实践的场景构建。所谓社会实践的场景构建，它的一个突出特点就是连接。它的沟通已经远远超过了资讯内容范围，而是对于整个人类实践所涉及的全要素来进行相应的激活、连接、整合。当然，这中间要通过协议、规则来进行连接、调用、激活和整合。

为任何人在任何时间、地点从事任何实践活动来提供一个适合场景，能使人们的自由度得到更大提升，使人们做事的效率和体验的丰富性有巨大扩张。这就是互联网发展"下半场"所要解决的问题，而这个问题的解决其实是相当复杂的。因为资讯的连接相对来说技术成熟，模式相对来说是比较简单的。而对于人物、技术和各种各样的物质存在，要进行全方位、全要素的连接、激活、整合。它所蕴含的社会改造、社会连接、社会整合的任务是极其复杂而巨大的。

我们进入5G时代已经四五年了，怎么好像不如当初说的那样与4G时代有明显的变化呢？其实我们做了相关研究，发现互联网发展的节律是有一个技术重心在B端和在C端不断交替上升的过程。

比如说Web1.0时代，它的技术重心在机构端，所以那个时候互联网就表现为三大网站，搜狐、网易和新浪。所有的互联网技术与普通老百姓没什么关系，普通老百姓看的就是门户网站上的那些资讯，还可以进行无限链接等。

Web2.0时代，当技术下沉到C端用户，当用户掌握了各种各样的互联网技术的时候，革命性的改变就发生了。所有基于互联网Web2.0的改变，实际上是由于普通用户开始掌握互联网技术，并由此被赋能和激活，整个社会出现了全新的社会性的改变，所谓的裂变就发生了。赋能、赋权，每个人都是传播者，各种微资源被激活等。

当然这些微资源、微创新被激活之后，如果没有相当的数据、智能化技术和其他一系列技术的整合，其实这种微资源、微能量的价值是有限的。大量无效的微能量必须要经过这种巨大的智能化的重新筛选、过滤、重组，才能形成巨大的社会价值和社会功能。这就进入了Web3.0时代。

Web3.0时代的技术创新还是在机构端，即利用自己的社会关系、社会相应的资本和资源，来形成对于所有这些微资源的有效利用。抖音、快手等其实就是利用微资源在算法平台之上进行有效整合，呈现出相当丰富多彩的内容。

Web4.0时代，其实需要在此基础上进行巨大的建构。在今天的5G时代，悄无声息的社会改变正在形成一个所谓工业互联网架构的连接再造。从用户的角度来看，它在一定程度上看起来是一种沉没成本，但实际上对于整个社会而言是一种必要的基础性准备。只有当工业互联网开始形成，它的连接有效、可以加以运作的时候，比如，到了Web4.0时代或6G时代的时候，整个社会在用户端能够得到有效调用和创意化使用的时候，革命又会进一步爆发出来。而那个时候，我们面临的其实就是一种巨变的过程，各种资源通过有效的协议方式形成巨变。

整个数字化技术革命有一个突出特点，就是它的聚合性变化。虽然刚开始时它按照大众传播的逻辑打破每个传播通路对于时空的界限，用割裂的办法来进行单方面通路的加长、加宽、加深和加以更强的机制建设——这是一个裂变的过程。但是数字革命到了成熟期后，它的一个突出标志就是形成聚合。

元宇宙这个概念范式的提出，对于数字革命以来数字文明的发展目标、发展愿景有了一个非常具象化的展示，让人们知道所有分门别类单兵突进式发展的技术，如区块链、大数据、人工智能、VR、AR等，它们过去都是沿着自己的专业道路不断往前推进的。其实它们有一个更强大的趋势，即彼此之间聚合连接在一起，造就一个人类实践的全新平台、全新现实。

我觉得这就是元宇宙最大的价值。其实它揭示了未来技术发展、社会发展的一个核心逻辑，可能就是一种聚合。横向的连接、整合，可能是未来产生价值、产生功能最重要的一种方式。

五、媒介形态的革命：传播媒介正经历着从物理介质到关系介质再到算法介质的深刻改变

物理介质的典型就是大众传播媒介，报纸、广播、电视、杂志都是物理级的媒介。这种物理级的媒介只能连接相关的内容资讯，且在内容资讯的传播和沟通方面也只能够传达有限的内容资讯。按照内容资讯的社会化程度，可以分成三个层级：具有整体性价值的内容、具有群体性价值内容、具有个体性价值内容。

物理级的媒介只能进行具有整体性价值的内容传播。当然，它也会部分地去传达某些具有群体性价值的内容，比如说主流价值观，主流阶层所提倡的价值理念、所提倡的生活方式和社会时尚，可能就会成为大众传播媒介引导和凝聚社会的传播内容。简单地说就是，一个新闻价值的内容，一个宣传价值的内容，这就是过去物理级媒介所能连接的内容特点。

关系媒介就是指当社交平台确立之后，人和人之间的关系连接成为彼此之间的沟通渠道和全新媒介形式的时候，在整个内容领域就实现了全面的互动沟通，所有内容都可以在它的关系连接当中得到激活，得到利用。也就是说，除了有整体性价值的内容进行充分的传播外，群体性价值的内容、个体价值内容也都分门别类地按照不同的渠道和不同需要来进行相应传播，在内容资讯的全域方面，关系媒介实现了它的内容资源的激活和流动。

但是人类的社会实践总是要向前发展的，除了内容资讯的全连接、全沟通之外，还需要把这种连接的法则推及社会的行业再造当中。当这

种连接要涉及环境资源、物质资源等社会性的外在资源时，仅仅靠这种物理媒介和关系媒介起到它们之间的连接整合的作用，实际上是无能为力的。

媒介形态的"由实转虚"，算法将成为无处不在、无处不有的"万物皆媒"发展阶段上的基础媒体。媒介的形态"越来越虚"，但媒介的连接能力越来越丰富、广泛和跨界，用户可以掌握、调用的资源越来越"实"。换言之，在信息技术革命带来的万物互联、万物皆媒的新传播图景下，媒介正在发生着的系统性的形式变迁：从有限输入源、有限时空选择、有限内容，到无限渠道、无时无刻、无限内容，加之个体化框架的内置，构成了一个生态级的复杂系统，这使得传统意义上将媒介看作信息传递工具的认知范式已丧失解释力。

媒介天然是一种居间性的概念，这种关系联结属性随着技术发展逐渐成为最关键的媒介形式逻辑。而构成智能时代"基础设施"的算法则成为一种更高意义上的媒介，它通过一系列判断架构连接、匹配与调适价值关系，形塑认知、建构关系、整合社会。把算法理解为一种媒介，不仅为解读算法的社会性提供了有益视角，更高度概括了新传播图景下媒介运作核心逻辑在于价值关系联结，对把握未来传播中主流媒介的建设路径具有特别重要的启示意义。

总之，借由互联网的连通性，媒介不再是一系列固定的"实体"，媒介是由算法编织并赋予权重的一种"网络"，是一个复杂系统。算法在改写传播领域现实状况的同时，也在重新构建起一套全新的传播规则，同时让参与其中的每一个个体以这种方式重新审视、体验和消费乃至创造这种全新的传播。从微观层面上对于人的重建，从宏观层面上对于社会运行的重构，这两者的相互交织组成了算法构建的未来传播。算法重新塑造传播领域的交往规则，但是同时它又在遵循着以往互联网发展带来的基本逻辑。人要在算法的世界中认识自己和数字世界的区别和联结，把握自己在现实环境中的主体价值，将人的价值与伦理赋予到算法之中，实现人与技术的共生发展——这便是未来传播和媒介的约略图景。

六、未来媒介的终极演进："场景时代""元宇宙""心世界"

我们正处在一个向着场景化时代发展和迈进的时代，元宇宙时代其实是属于场景时代的自然延伸。场景时代实际上是媒介作为"人的关系连接"在现实世界的最高形式。我们可以通过这种媒介的连接作用，把各种各样的社会实践所需要的相关资源，通过某一个场景的激活连接，把它整合到人们的面前。

但是我们都知道，任何一种物质存在，都有其物质本身的限制性。在现实世界当中，它有它的权属，它有它的不同的调用成本，以及相关的难度等，其实是受到了各种各样的现实约束。因此，在现实世界当中，人们的想象力，人们的社会实践的自由度，还是受到严格限制的。而人的实践要不断打破已有的边界，向着自由度更高的方向发展，因此就迎来了所谓的元宇宙时代。在我们看起来，元宇宙并不是像最早的时候人们所认为的是平行于现实世界的一种存在。很多人说它是一种平行现实。

（一）"场景时代"是媒介作为"人的关系连接"在现实世界的最高形式

传播技术的发展不断带来"新的媒介"，这些新媒介表征着新的社会连接方式、尺度与标准，使人们能够探索更多的实践空间，能拥有更多的资源和更多的领地，去展示和安放我们的价值、个性以及生活的样态。

一部媒介发展史，就是人类凭借媒介的升级迭代不断地突破现实世界的限制走向更大自由度的过程。譬如，在口语传播阶段，人类除了身体外没有任何传播技术可以借用，需要亲身参与在场的交流，凭借语言进行跨空间的交流、凭借记忆进行跨时间的交流；壁画、雕刻等象征性活动的兴起使人类超越了自身的生物边界，其中最重要的是文字的出现，它从空间和时间上弥补了语言缺陷，更具保存性、统一性以及符号性；纸张的发明与使用为传播提供了更经济、更便携的载体，让传播成本更低廉、传播速度更快捷；印刷术在时空传递性以及经济性方面进一步增进了文字传播，大量的文字典籍可以更为准确、更为规模化地保存与复制，读报活动取代了上教堂的交流，印刷媒介催生了近代社会，全球化的传播也依赖印刷术逐步得以实现；作为文字传播和电子媒介的中介形式，电报第一次将传播与交通分离开来，极大改变了人们的时空观念；广播延伸了语言的传播效果，其亲近性与冲击力激发起听众的情感纽带，且因不受文化程度的限制打破了阶级界限、覆盖广大地区，具有即时性、同步性和广域性；与广播一样，电视媒介也深入家庭，进一步推动了资讯、知识与文化艺术的通俗化与普及性。由此可见，传播技术的发展和媒介形态的变革是社会进化的关键部分，每一种新技术都给社会连接带来一个新的规模、速度、范围及传播模式的演进。

当互联网发展的"上半场"完成了随时随地与任何人的连接之后，互联网的"下半场"要解决的问题的关键就在于，人们要在随时随地进行任何的信息交流的基础上，进一步实现在任何场景下"做事"（将几乎所有在线下所做的事搬到线上来做，并且更有效率、更加精彩、更具想象力地实现）的突破——这就是已经成为人们普遍认知的互联网发展的下一站："即将到来的场景时代。"[①]

关于"场景"（context）理论，最具贡献的学者是梅罗维茨和斯考伯等人。梅罗维茨突破了戈夫曼所理解的场景就是教堂、咖啡馆、诊室等物理

---

① 斯考伯，伊斯雷尔.即将到来的场景时代［M］.赵乾坤，周宝曜，译.北京：北京联合出版公司，2014.

隔离地点的空间概念，积极导入了"信息获取模式"——一种由媒介信息所营造的行为与心理的环境氛围。这不是一种空间性的指向，而是一种感觉区域。而斯考伯等人的考察则是场景理论的又一次发展。梅罗维茨区分了"作为文化环境"的媒介场景与"作为内容"的具体场景，但缺乏足够论述，也难以解释互联网时代空间与情境、现实与虚拟、公域与私域等诸多场景的重叠耦合。

媒介革新的本质是技术的发展，斯考伯提出，互联网时代的场景，应该是基于移动设备、社交媒体、大数据、传感器和定位系统提供的一种应用技术，以及由此营造的一种在场感。应该说，斯考伯对"场景"的定义，同时涵盖了基于空间的"硬要素"和基于行为与心理的"软要素"，这种具体的、可体验的复合场景，与移动时代媒体的传播本质契合，也更加强调了"人"作为媒介与社会的连接地位。[1]在碎片化的移动互联网时代，用户更加需要的是以人为中心、以场景为单位的更及时、更精准的连接体验。通俗来讲，互联网要开始满足每个用户在不同场景下的个性化的需求。那么随着"智能终端"、"社交软件"、"大数据分析"、"地图"（定位系统）和"传感设备"等这五个要素的不断普及，让这件事情成为可能。互联网公司通过在线下大规模部署"传感设备"，当用户携带"智能终端"进入该区域，随着"智能终端"和"传感设备"的相互感应，从而获取用户进入什么样的场景，用户在场景里面的行为都会被数据化，长时间的"大数据积累和分析"，就会知道不同用户的行为习惯。当越来越多的信息与服务依赖场景这一变量时，场景也就成为信息、关系与服务的核心逻辑，并成为上述要素连接的纽带，进而成为新入口。[2]

---

[1] 蔡斐. "场景"概念的兴起[N]. 中国社会科学报，2017-04-20（3）.
[2] 红色数据线. 如何理解互联网进入了场景时代？其中的"场景"该如何理解？[EB/OL].（2016-02-17）[2022-07-25]. https://www.zhihu.com/question/28337838/answer/86696005.

显然，我们即将走出"唾手可得的信息时代"而进入基于"场景"的服务时代。在这个永远在线的社会里，场景时代的大门已经开启，未来的每一个人、每个产业以至于每一种社会的存在形式都会受到场景时代的深刻影响与改变——以场景服务和场景分享为人的社会连接的基本范式，可以实现人的具身以"在场"的方式参与到"任意"的现实实践中。这是媒介作为"人的关系连接"在现实世界的最高形式。

（二）元宇宙：社会的深度媒介化

元宇宙（Metaverse）是一个平行于现实世界并始终在线的虚拟世界。有人断言，2021年是元宇宙元年。的确，基于"元宇宙"巨大的发展潜力，众多互联网大厂已经开始布局并且规模化投入。应该说，元宇宙是各种技术成熟到一定程度质变的产物，伴随VR、AR、3D和脑机接口技术不断进步，元宇宙的市场空间广阔。

元宇宙作为一种未来媒介的形式，作为人类打破既有的社会性实践疆界的突破主要有两点。

首先，它突破了人类社会实践现实空间的"亘古不变"的限制，可以选择性地自由进入不受现实因素限制的虚拟空间，无论是一个人出生的年代、国家、家庭、职业、年龄、性别等都可以"重新"选择，并按照自己选定的角色展开自己一重甚至多重虚拟空间中的生命体验，并且实现自己人生中的价值创造。这是对于人类受困于现实世界限制的一种巨大解放，并且其生命的体验空间得到了近乎无限的拓展，而人的内在特质、个性与能力也可以在这种全然不同的世界里得以释放和价值实现。

其次，它将实现人类在虚拟世界中感官的全方位"连接"。目前的互联网技术只是实现了部分信息流的线上化，人类感官在虚拟世界的连接中听觉与视觉率先实现了突破，而嗅觉、味觉及触觉等感官效应目前还只能在线下实现和满足。而元宇宙在未来发展中的一个关键维度上的突破就是将致力于实现对于人的嗅觉、味觉及触觉等感官效应的线上化实现。虽然实现这些突破还有很长的路要走,但是,当人的感官全方位地实现线上化时,元宇宙作为人类生活的全新空间的魅力将全方位地超越现实世界。

(三)心世界:未来媒介发展"向内"(人体自身)的深层次重组

有人断言,元宇宙将是互联网发展的终极形态。如果仅仅从人所面对的外部世界的角度看,这可能是对的——因为它通过无限丰富的虚拟世界的创造,几乎满足了人类社会实践中所有"对外"延伸的想象力需求。但问题是"对内"呢?人体及人的心智本身也是一个大宇宙,对它的选择性"重组""再造"会不会成为未来媒介发展的一个重要的方向呢?答案是肯定的。

这个问题首先要从一个宏大的哲学问题开始:人是什么?亚里士多德说,人是理性的动物。而现代认知科学的回答是,人是一种会建模的动物。近年脑科学的研究发现不断为这个观点提供坚实的证据。那么,模型又是什么呢?模型是大脑对真实世界的映射,是真实世界的缩影。这些缩影虽不是真实世界的再现,却包含真实世界的关键特征。譬如,小孩子玩的轿车就是一个真实世界模型,它虽然与大人开着上路的汽车不同,但却包含着汽车的关键特征,比如,有四个轮子、有门、有窗户、有前后灯。而人的大脑以神经元的方式保存着这些汽车的模型。而所谓人的认知则是:从外界感知信息(比如五感),基于这些信息和信息的加工建立心智模型,并使用这些心智模型做出判断和决策。换句话说,人的认知就是构建和操作心智模型。人与动物最大的区别是反事实思考——思考没有感知,没有发生的事,反事实思考就是构建模型。所以,人是具有想象能力的,会构建模型的动物——想象大于事实,心智模型大于真实世界。因此,就有了"三个世界,三种模型"的理论。

这一理论是倡导模型教学的美国亚利桑那州立大学物理教育家David Hestenes（大卫·赫斯特内斯）教授绘制的一份三个世界的关系图（图3-1-1）。[①]

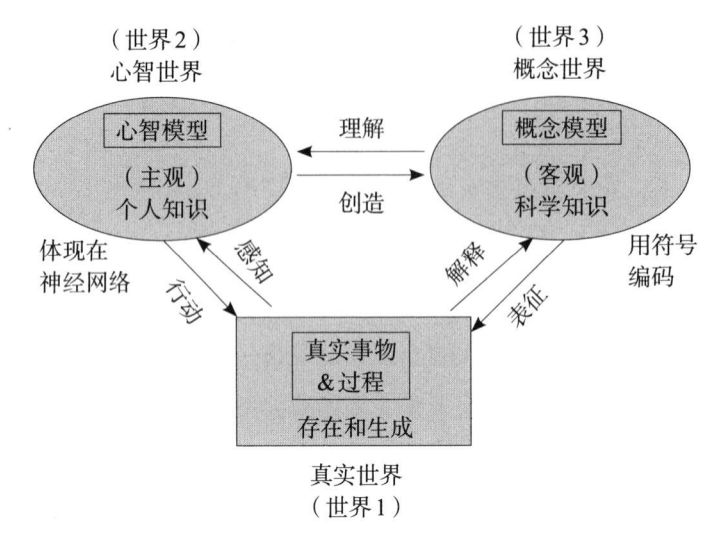

图 3-1-1　David Hestenes 绘制的三个世界的关系图

在上述模型中，真实世界就是我们现在所处的现实世界，概念世界透过技术的革命性发展将逐步构建起元宇宙，心智世界就是我们此处探讨的"心世界"。

在现实世界中积累知识、技术和想象力，在构造起元宇宙的同时，也会反作用于人的心智世界，促进它的构造的变化乃至革命。人类心智的构成要素、结构方式以及运行机制迄今为止是被牢牢地限制在既有的状态和逻辑上，几乎没有创新安装、改造的任何自由度更不用说是革命性的突破了。但是，随着人类脑科学、基因技术及相关能力的增强，会不会在到达一个文明发展的某个临界点时，具有了反向自我设计和改造的能力了呢？这种通过媒介技术的革命所获得的自由度对于人类来说意味着什么呢？这

[①] 大辉. 每一个人都生活在自己构想的心智世界中［EB/OL］.（2020-07-05）［2022-07-25］. https://www.zhihu.com/p/156859112.

是媒介与人类的最终宿命吗？细思恐极，但逻辑上成立。

必须说，我们对于未来媒介和媒介终极本质的探讨，是为了帮助我们把握以媒介形态为依托的人类文明的未来趋势与发展逻辑，当我们在拥有了对未来媒介逻辑的深刻把握的情况下，我们对于人类文明发展中的选择、判别和操作上的顺势而为与逆势而动就有了一分关键性的自觉。就元宇宙逻辑下的媒介发展的未来趋势而言，小型化、集成化、无线化、云VR的形态可能成为未来媒介发展的主流。而VR要像手机一样成为高渗透率的消费电子产品的话，需要具备低成本、实用性、刚需性等特征。显然，未来随着高速低时延5G、6G网络的普及，云VR/AR方案满足以上特征，作为元宇宙的核心产业VR将具有广阔的发展前景，它的发展也会相应地带来网络芯片、各类型传感器以及低成本面板和驱动芯片的主要需求。[①]

七、元宇宙：在升维的意义上为互联网发展的全要素融合提供了一个未来的整合模式

从本质上来说，元宇宙不是一项技术、一个产品、一个场景，也不是技术的集合体。元宇宙是数字革命以来发明的全部技术与社会现实融合发展的全新文明形态，是在升维意义上为互联网发展的全要素融合提供了未来的整合模式。

就如同原始文明、农耕文明、工业文明一样，数字文明是人类文明发展的全新阶段，而我们恰恰处在工业文明和数字文明的过渡阶段，所以有的时候笔者特别欣赏一句话——未来已来，过去未去。我们处在一个过渡时期，未来的东西我们已经有点看得见，也有点摸得着，还有待于进一

---

① 尹沿技，张天，姚天航.元宇宙深度研究报告：元宇宙是互联网的终极形态？[EB/OL].（2021-06-07）[2022-07-25］.https://baijiahao.baidu.com/s?id=1701891462539005558&wfr=spider&for=pc.

步发展；但过去的东西还不断地缠绕着我们，限制着我们的脚步，或者说提供了一些传统的惯性、节奏，这实际上是我们今天所处在过渡时期的一个突出特点。前文也提到元宇宙是既超越现世界，又与现世界相融相生的"混合现实"，使人类进入一个更具自由度、更高灵活性、更多体验性、更强功效性的超现实世界之中。

记得三年前，笔者曾经参与过苇草智酷的一次线下活动，探讨的是关于人工智能的未来。有人就提出了一个问题，说人工智能在未来的发展当中一定会取代大部分现在的人能做的事情。可能95%以上现在人能做的事情，人工智能可以做得更好更有效率。这就意味着95%以上的人可能在未来社会里成为一个无用的存在；但他作为人类还要有人类的尊严、人类的福利，所以怎么能让他不去闹事，不去造反，还能成为一种安定的因素？就是让他们都坐在海滩边上给他们提供别墅，让他们吃好喝好，因为那时候物质极大丰富，除了锻炼身体就是玩游戏，让他们愿意玩什么就玩什么，好喝好吃，各尽所能，按需分配。

但实际上也有社会学家说这是不可能的，人总是要对自己的价值进行寻求的，凭什么我们被定义为没有用的人，而你们少数人被定义为有用的那些人？这一定会引起未来社会的一个非常尖锐的矛盾。

当初那次会上好像没有得出什么结论。有了元宇宙之后，就找到了一种解开这个矛盾的全新思路。因为今天所谓的人才，经过各种筛选，从上大学、研究生到博士，再当教授等，经过了一层又一层的筛选。但这一层层筛选的模式、标准、法则，其实是在一个物质短缺时代由于资源的短缺性所造就的。在这样一套法则的筛选当中，我们优而胜，使我们成为所谓的优胜者。但并不代表没有筛选出来的那些人就没有用，只是现在的规则本身对他们不公平，没有让他们的固有能力有一个展现表达的机会。但在过去传统时代是没有这样的，因为每个人要扮演不同角色，实现不同功能，它的成本代价实在是太高了。

我们要扮演各种各样的角色，即实现起来很困难，成本代价也很高；但在元宇宙的时代里，可能我们就会以非常灵活的方式来扮演各种不同的角色，实现各种各样的人的能力的体现和激发，其实我们在生活当中是有这样的体验的。

周围有一些人可能考试不如学霸，但在其他方面的能力比学霸要强得多。其实每个人都有自己独特的优势和特点，只是既有的社会规则，淹没了很多人的才华和潜能。而未来在元宇宙，由于它的角色扮演，它的场景体验和整个激发的过程、游戏的过程，实际上非常灵活、丰富，也非常节约成本，所以人们的潜能就有可能最大限度地被激发。到那个时候，每个人都可能因为发现自己的某种潜能，为人类创造财富、创造价值，而感到自豪和开心。

笔者在上大学的时候，听到马克思对未来社会的一个预测性的描写，说未来的人类劳动不是那种强迫的劳动、无趣的劳动，而是每个人因为自己的心愿和兴趣，非常幸福地去参与各种各样的劳动和创造。由于当时身处的社会场景，笔者在刚开始学的时候，很难理解；但如果到了元宇宙，当元宇宙使每个人的才华、潜能都能释放出来的时候，那的确是一个让人觉得很幸福、很兴奋的时代。所谓各尽所能，就成为一种真正的可能。这就是元宇宙给我们的想象力。

元宇宙实际上有六大支撑技术。过去的技术，在以往的发展当中是单兵突进，孤立的，由自我完成来实现。而在元宇宙的情境下，它是一个核聚变的，彼此之间的融合、协同、巨变的过程，它所产生的价值和力量，应该说比它单独发展重要得多。

由此可见，元宇宙是未来人类文明发展的一种全新的"容介态"，宇宙并不是一个独立的对象，宇宙的底层属性是二元的，二元的"容介态"运动推动宇宙的进化。什么叫"容介态"呢？顾名思义，"容"就是容纳，"介"就是信息介质。实际上就是以算法技术作为它的底层逻辑，容纳进信息介质的整个社会要素的一种运动发展进化的状态。我们把它定义为"容介态"。

大自然的进化、人的进化、生物的进化、所有事物的进化，都基于不断地容纳外援信息，来使自己的性质得以改变和提升，由此形成了"容介态"运动的宇宙进化的根本规律，元宇宙正是未来人类文明发展的一种全新的"容介态"。

从传播的角度，我们把元宇宙理解为人类社会的"深度媒介化"。元宇宙所代表的"深度媒介化"是不同于"媒介化"的理论与社会发展的一种全新范式。它以互联网和智能算法为代表的数字媒介作为一种新的结构社会的力量。过去我们讲到的媒介化是分门别类的，政务的媒介化、商业的媒介化、教育的媒介化；而未来的深度媒介化，是它们联网成片聚合在一起，形成一个人类实践的、人类生活的真正平台级的场景。这种全新的人类文明的平台、实践的平台作用于社会的方式，跟以往任何一种旧媒介不同，它下沉为整个社会的"操作系统"。它所引发的是根本性和颠覆性的社会形态变迁。因此，从"媒介化"到"深度媒介化"的范式变革，意味着互联网等数字媒介所引发的传播革命，正在史无前例地改变社会的基本形态。新传播所要构建的新型关系，将在很大程度上重构以往各种各样的社会关系。

八、发展展望："元宇宙"既是泡沫也是媒介发展的未来，其实现的过程是一个循序渐进的过程

从展望的角度来说，元宇宙有泡沫成分，但更要看到它是媒介发展的未来，其实现的过程是一个循序渐进的复杂和漫长的过程。

（一）元宇宙在发展的过程中必然经历一个泡沫的过程

元宇宙本质上是对现实世界的虚拟化、数字化的过程，它需要对内容

生产、经济系统、用户体验以及实体世界内容等进行大量改造。因此，元宇宙的发展必定是循序渐进的过程，是在共享的基础设施、标准和协议的支撑下，由众多工具、平台不断融合、进化而最终形成的。因此，元宇宙的实现必将是一个漫长的且充满了不确定性的曲折过程。

为什么会出现这种泡沫呢？实际上，任何一种技术从它的成熟过程的角度来说，它刚一出现的时候，其连接到的各方面的社会资源、社会层面、社会环境，都会由一种新概念、新技术的出现，而对它抱有极大的希望，并依照自己的方式对它进行某种想象和某种实用化的构建，因此，一定有一个所谓的"吹高"它的过程。而当这种"吹高"达到一定程度的时候，当它进入实际产出和价值产出功能形成的过程时，由于技术本身的成熟需要一个过程——因此有很多东西，比如它的市场成熟、技术实现等，都需要有一个较长的过程。

所以在一定程度上说，巨大的泡沫被吹破，形成下滑，也是正常的。只有在此过程当中，认识到相应领域的相关规律机制，坚持下来，并且不断在技术和市场等方面不断推进的人，才能够迎来它的光明。

（二）元宇宙的应用是一个不断深化的过程

元宇宙的应用过程，是一个不断深化的过程。从短期角度来看，我们要解决元宇宙的入口问题。在产业界，人们更多关注的是以游戏作为元宇宙的一个场景建设的入口，VR眼镜、裸眼3D、数字藏品、智能网联汽车、虚拟人，这些在产业界都得到了很大的关注和重视；从中期来看，元宇宙会将现有产业进行升级。当元宇宙技术走向成熟，覆盖的用户和企业越来越多，虚拟社会逐渐形成，相关的规则与协议不断构建，元宇宙经济体开始布局；从长期来看，元宇宙促成现实与虚拟真正融为一体。元宇宙的服务范围继续扩大，将会为技术创新和科学研究提供平台支撑，全面推进人机融合和沉浸式仿真。

九、元宇宙的时代标签与传播学未来发展的重点

元宇宙的时代标签是专业媒介和专业媒体人的角色。传播学未来发展的重点有:"To C"还是"To B";直接为用户生产内容还是作为整个传播生态乃至媒介化社会的建设者、运维者、创新者,成为自组织社会的"基膜"建设者,推动社会发展的"涌现"现象的发生;个人被激活与自由度的巨大提升以及"微粒化社会"的来临与社会的"再组织";"圈层化"生存与社会的"破圈"整合,认知时代向体验时代转型过程中对人如何施加影响的组织模式的升维与变革等。算法与平台升维的两个核心与关键是:"以人为本"的内在逻辑为"压舱石""定星盘";结构优化的社会性构建是治理与发展的重中之重。

【整理:滕文强】

第二节　社会科学范式、理论与方法的重构与统一：重新发现传播学研究的灵魂

【本节要点】

社会科学范式、理论与方法的重构是一个关于传播学未来发展的重大议题。当下传播学研究正面临着巨大危机，但是同时也是转型契机。因此，本节主题所聚焦讨论的是如何将社会科学范式、理论与方法进行结合与交互，重新看待传播学问题。

【作者简介】

姚正宇（Mike Yao），美国伊利诺伊大学厄巴纳-香槟分校媒体学院教授，兼聘 Gies Collega of Business（吉斯商学院）教授，Charles H. Sandage Department of Advertising（查尔斯·H.桑德奇广告系）主任，Institute for Communication Research（传播研究所）、Cline（克莱因）尖端社会科学研究中心，以及 Beckman Institute for Advanced Science and Technology（贝克曼尖端科技研究所）研究员。他现任 Journal of Computer-mediated Communication 副主编以及多本知名 SSCI 期刊的编委会成员。他 2006 年毕业于 University of California, Santa Barbara（美国加州大学圣塔芭芭拉分校），获得心理学、电影学双学士及传播学博士。在加入伊利诺伊大学之前，他在香港城市大学媒体与传播系任教 9 年，并负责其线上行为及眼动研究实验室，也曾为 PARC（Palo Alto Research Center，帕洛阿尔托研究中心）及 Google（谷歌）等多个国际性企业及机构在教育科技、网络管制、大数据挖掘等项目做研究顾问。

社会科学范式、理论与方法的重构是一个关于传播学未来发展的重大议题。当下传播学研究正面临着巨大危机，但同时也是转型契机。因此，这个主题所聚焦讨论的是如何将社会科学范式、理论与方法进行结合与交互，重新看待传播学问题。

在正式探讨前，先要看一个现象，即目前国际核心期刊对论文的收录比例大多在 3%—10%，也就是期刊在收到的 100 篇论文中，仅仅有很少的一部分得以表发。而研究者遭遇拒稿的原因主要是理论创新不够等问题。因此，基于理论创新的困境，今天我们要探讨的是研究范式、理论和研究工具之间的结合点。而提到理论创新，就要提及当下学界研究的现状，很多学者在研究的过程中都是在套用一些固定的"模式"，这些模式就是根据市场热点一拥而上地聚焦某个议题来研究，例如，前两年的虚假信息和网络谣言的问题，还有疫情之后关于疫苗的健康传播问题，很多学者都被局限在这一些热点议题当中，即使这些文章采用了大数据或者其他先进工具设备的研究，得出来了一些结论，但是归根结底，这些工具依然没有理论建构，因此很难有创新性的突破点，也很难被一些重点期刊所接受。

一、传播学领域所面临的问题

宏观地看，当下传播学领域所面临的第一个问题就是学科的内卷化现状。如今各个学科都在提倡交叉研究，包括信息科学、脑科学、神经科学以及市场营销学等都在研究传播学现象，但是传播学者往往在利用其他学科的工具手段来研究我们的课题，但是我们又不能像这些领域的学者一样熟练地使用这些工具，这就有点"舍本逐末"的感觉。其实我们当下所处的时代，包括人类所遇到的重大问题，都是与传播现象相关的。不管是元宇宙、人工智能还是计算传播，人类正在迈向一个媒介化的时代，也就是说，我们现在的种种社会行为，都是在媒介化时代下产生的，如果我们不从媒介化社会的视角来研究社会行为的话，当下遇到的很多问题都是难以解决的，而其他学科也因此难以进行真正意义上的研究。换句话说，传播学的研究问题是其他社会科学，包括自然科学、行为科学领域中的一个核心的而非边缘化的问题，我们当下不应该追随其他领域，而是应该倒过来，传播学应该作为社会科学的中心和核心。

传播学当下面临着的第二个问题是学科的拐点问题。信息革命的颠覆式发展已经进入了尾声，社会遇到的很多问题并不是一个学科就可以解决，包括大数据、人工智能、VR甚至是元宇宙，已经真正进入一个拐点时代，如果本学科的研究者没有正视当下的这个拐点，那么传播学可能就将逐渐演变为一个边缘学科。而科技再往下发展必将带领整个社会进入一个全新的时代，因此对于学科理论要有一个本质的突破已经十分困难，研究者要研究的问题需要聚焦社会和行为来探讨这些科技对人的行为和社会有什么样的影响。

二、重新发现传播学的灵魂

因此，今天要探讨的问题不是一个具体研究方法或者是研究方式，而是引导研究者怎么样去重新发展其中的灵魂，即为什么要去研究我们当下所研究的东西，我们研究的这些东西究竟有什么样的价值？给其他学科带来的价值是什么？在这样一个研究的过程中，研究者不能盲目地追求工具，让工具带领研究方向。此外，也不能对理论因循守旧，用过去的理论套用当下的现状，我们的着眼点应该聚焦探究学科的灵魂，比如，我们为什么要去研究人工智能？为什么要去研究元宇宙？为什么要去研究未来媒体和新媒体？

在讨论今天这个主题之前，想先提几个最基本的概念。第一，方法、方法论、理论以及哲学基础之间的联系（图3-2-1）。现在我们经常遇到的问题是，找到一个新的研究方法，比如深度学习、大数据、脑神经科学等，但是没有很好地利用这些研究手段来解决社会现象。这些研究的方法和工具背后应该有一个系统化的方法论，指的是我们的立场是什么，我们看待问题的世界观是什么；再往深的层次上看，就是哲学层次上的基础问题，这包括公理学、本体论和认识论等问题。因此，如果我们的研究只停留在工具意义上的方法层面，而缺乏核心的理论基础和理论建树，那么长此以往，学科内部就会陷入危机，因为这些研究探索只停留在表面，而失去了

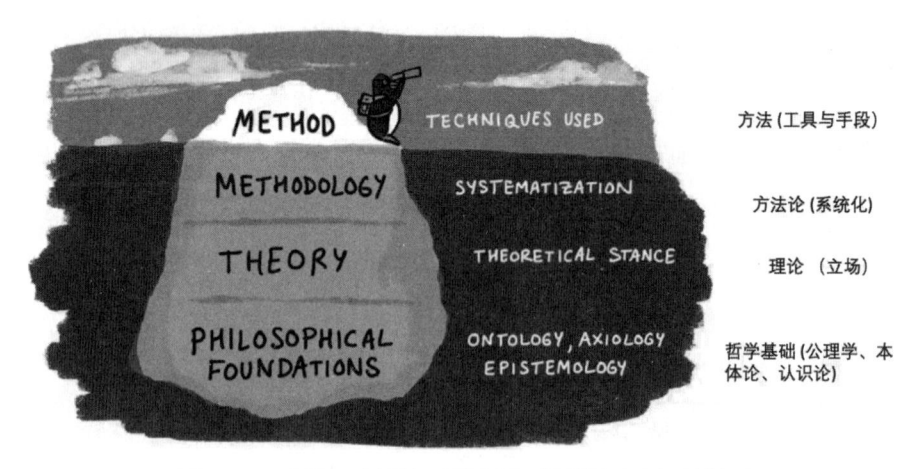

图 3-2-1　方法、方法论、理论以及哲学基础之间的关系

"灵魂",没有进行更深层次的、哲学层面的思考。

除了这些要素之外,"范式"是研究者为了认识世界和理解世界所形成的一个共同框架,它是整个研究的内核与实践指导,告诉我们应该做什么、怎么做、基于何种立场、用什么样的方法解决什么样的问题。其中,理论框架为研究范式提供了基本立场,方法论是范式的系统化实践工具,它们二者都体现了范式的价值取向。从类型上看,社会科学的研究范式可以划分为实证主义、解释主义、社会建构主义、批判性范式以及后现代主义等五大类别(图3-2-2)。其中,实证主义强调客观性、可知性以及演绎逻辑,认为这可以而且应该以经验和科学的方式进行研究;解释主义侧重于对人类的研究,认为人们在社会中解释他们的社会角色,这影响到他们如何赋予这些角色和其他人这些角色以不同的意义;批判性范式强调的是权力、不平等以及社会变革,认为社会科学不可能没有真正的价值观,在建构社会科学时应该考虑到社会变革的明确目标;后现代主义则强调了其他范式中的固有问题,认为任何形式的真理都可能是可知的,也可能是不可知的。

因此,如果研究者在探讨解决一个问题的时候,如果不是在同一个范式下面进行的,那么就算我们是在研究同一个课题,那么也很难进行对话。

Paradigms for social research 社会研究的范式	Emphasis 强调	Assumption 基本假设
Positivism 实证主义	Objectivity, knowability, deductive logic 客观性、可知性、演绎逻辑	Society can and should be studied empirically and scientifically 社会可以而且应该以经验和科学的方式进行研究
Interpretivism 解释主义	Research on humans 对人类的研究	People interpret their social roles in relationship, which influences how they then give meaning to those roles and the roles of others 人们在社会关系中解释他们的社会角色,这影响到他们如何赋予这些角色和其他人的角色以意义
Social constructionism 社会建构主义	Truth as varying, socially constructed, and ever changing 真理是变化的、社会建构的、不断变化的	Reality is created collectively, social context and interaction frame our realities 现实是集体创造的,社会背景和互动框定我们的现实
Critical 批判性范式	Power, inequity, and social change 权力、不平等和社会变革	Social science can never be truly value-free and should be constructed with the express goal of social change in mind 社会科学不可能没有真正的价值观,在构建社会科学时应考虑到社会变革的明确目标
Postmodernism 后现代主义	The inherent problems in other paradigms 其他范式中的固有问题	Truth in any form may or may not be knowable 任何形式的真理都可能是可知的,也可能是不可知的

图3-2-2 社会研究范式

而再进一步深入，我们要厘清的是我们的研究是为了什么？有时候我们的研究问题应用性很强，比如说，如何利用工具来解决一个具体的问题，如何设计一个产品来提升用户体验，或者怎么样去发现控制虚假信息，这些都属于应用性研究的范畴，也就是要解决一个具体的研究问题，但是传播学的研究课题有很多是属于"基础性研究"，比如，人机互动的规律、人和科技之间的关系，这一类的问题是可以延伸的研究问题，也就是说，研究结果具备扩展性，这就属于为了发现一个规律而去研究一个东西，并不是去解决一个很实际的问题。

历史地看待研究进程，有一个教训是我们需要汲取的或者说是从过去的经验中总结出来的，如果我们把自己的研究定义为社会科学研究，那么这将是一个非常漫长且痛苦的过程，比如说，图3-2-3，左边是达·芬奇设计出来的飞行器的概念图，右边是莱特兄弟将这个概念图落地为一架真正的飞机，这中间相隔了好几百年，进行了无数次的试验，这其中涉及机械、工程、材料、物理等不同学科的知识。而对于社会科学研究也是如此，大家在做研究的时候，往往会进入一个误区，就是觉得要把所有的东西在一个研究里面都解决。但是实际上，我们所研究的东西是一个漫长的科学研究，每一个研究者的成果都是在前人研究的基础上对该领域添砖加瓦的过程。

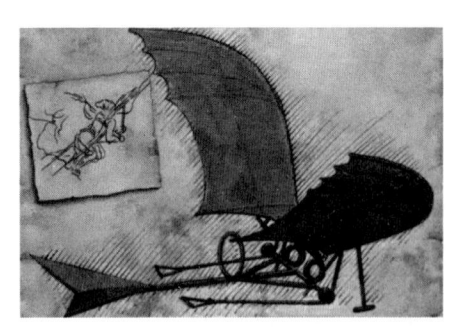

（科学之旅是漫长的、危险的、充满谬误的！）

图 3-2-3　飞行器的概念图与模型

第二个要说的是工具和理论之间的案例。哥白尼在历史上提出了"日心说"的理论假说,而伽利略则是通过工具发明验证了这个猜想,哥白尼提出的理论要远远早于伽利略的时代,但是如果没有后者的求证与探索,前者的理论只能存在于想象当中,可以说理论与工具之间是处于一个相辅相成的关系的(图3-2-4)。

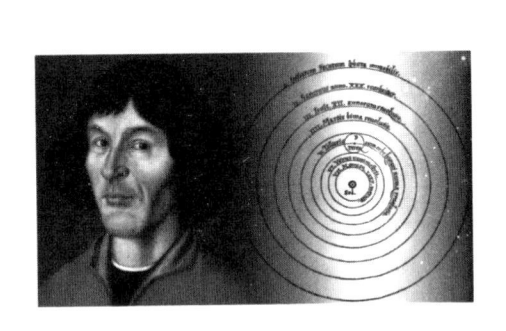

(没有理论的方法和工具是不通的!)

图3-2-4 哥白尼的"日心说"与伽利略的望远镜

一个好的理论不是凭空产生的,特别是在社会科学的研究当中,好的理论必须要有解决社会问题的理想与追求。第三个要说的是历史故事是和我们比较接近的,就是现代心理学的发展,这主要发生在第二次世界大战之后,因为战争出现了一系列惨无人道的屠杀行为,所以很多研究者开始研究人的天性和行为之间的关系,也就是什么样的社会机制可以抹杀人的同理心、同情心,这也就引导了整个学术领域为构筑新的理论来解释这些社会现象,也就是说,心理学的发展是建立在社会变迁的大环境当中的。

而对于传播学来说,其实也进入了这样的阶段当中。不管是元宇宙、人工智能还是其他的一些新出现的社会现象,我们所处的这个时代已经产生了很多大问题需要去解决,因此我们需要新的理论、新的工具。就像尼古拉·特斯拉所言:"除非科学的最终目标是改善人类,否则它只是对自身的歪曲。"也就是说，科学研究有时候会变成一个非常虚无甚至是无用的东西，除非它能够惠及人类社会，让整个人类社会变得更好。所以科学研究的最终目的是促进人类的进步。除此之外，尼古拉·特斯拉还说过另外一句话："现如今，科学家们用数学代替了实验，他们在一个又一个方程中徘徊，最终建立了一个与现实无关的结构。"这句话里所指的时代是他所处的时代，也就是在两次工业革命之间的衔接点中，当时的科学家主要是为了做数学而做数学，为了追求公式而做公式，使得最终的数学和公式的研究内容与现实脱离了。

回到传播学研究当中，很多学者也面临着这样一个问题，就是为了数据而做数据，为了研究而做研究，为了模型而建立模型，已经忘记了我们为什么要去做这些东西，可能这些行为的结果可以让论文得以发表，但是其中真正的科学和学术价值是有限的。不同的研究课题，需要用到不同的范式和工具手段，数据或者研究手段始终是为了研究目的服务的，现在的研究其实没有必要一定是理论先行，也可以是通过既有的数据采集来推导出一个新的理论，只要能把一个现象解释清楚，然后建构出一个理论框架，这对于学科的发展是大有裨益的。

但是目前学界面临的问题是，明明是一个很新的课题，学者非要去套一个旧的理论，为什么呢？为了要发表这篇论文。审稿人经常会提意见说，这边文章的理论建树在哪里？因此研究者往往会套用一个理论来解释，其实这是一个误区或者误读。理论建树并不是为了解决一个问题而随便套用一个理论，而是这个研究对这个理论的贡献在哪里。越是好的期刊，越是核心的期刊，对于理论的要求越高，这并不是说这篇文章要套用理论，而是说这篇文章是否推动了理论的发展。

当下一些被期刊拒稿的文章往往都存在以下两个主要问题。第一个问题是混淆了研究工具和研究方法。工具和方法其实是不同的，比如，近年来随着计算传播的流行，很多研究者用一些深度学习技术在推特或者微博上抓取了几十万甚至几百万的数据样本，从而进行情感分析，探究受众对疫苗或是其他议题的看法。这些文章的共性问题就是把研究的工具当成了研究的方法，即缺少了研究的目的。虽然整篇文章看上去很新，也有很多公式，但是这缺少了研究的灵魂，也就是研究者为什么要去做这个东西。研究范式是什么？理论建树是什么？研究出来这个结果的局限是什么？这些问题不去回答的话，这篇文章很难具有创新性。

第二个问题是混淆了"验证理论"（testing）和"建构理论"（building）之间的区别（图3-2-5）。验证理论是在前人既有的理论基础上通过现有的数据进一步检验，而建构理论则是一个从无到有的过程，如果一个理论已经足够成熟，比如万有引力理论，那么后续的研究如果再继续对其进行验证的话，则是毫无意义的。

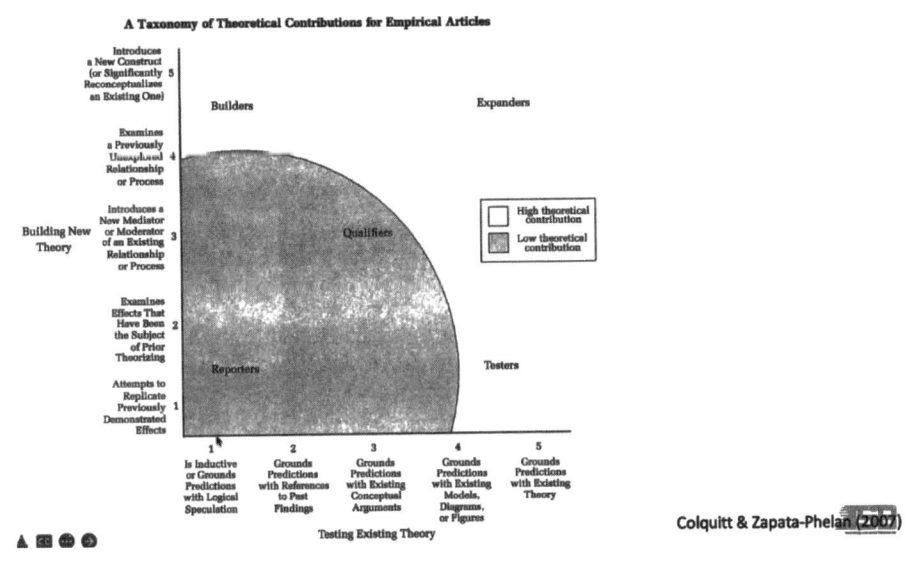

图 3-2-5 "验证理论"和"建构理论"

对于传播学来说也是如此，如果一个理论已经存在了，而研究者没有新的手段或者工具去发展这个理论，相反的只是在反复验证，比如，今天在Facebook上验证，明天在YouTube上验证，这种理论验证本身的理论贡献是极其有限的。比如，图3-2-5中的"reporters"（报告者），就只是告诉读者理论检验的结果是什么。此外，图中的圆中黑影部分对应的是"Low theoretical contribution"（低理论贡献）指的就是当下的研究在用既有的理论去做一些假设，比如，增加一个新的变量或者减少一个变量，做一些修改，这种研究的理论建树也是有限的。

那么在新媒体研究中，有哪些前沿课题呢？举一个人机交互领域的案例，即在人与机器交流的过程中，人们会不会把与机器交流的社会准则（norm）延伸至现实生活中的人际交流？如果有的话，这会带来什么影响？为了探索这样一个问题，一般有两种方法。

第一条路径是理论检验（theory testing）—假设（predicting）—实验证实（experiment）—观察（observation）—结论（implication）—理论建构（theory building）。举个例子，1996年，已有学者提出这样一个理论，即计算机界面的拟人化会影响用户的使用行为，基于这个理论，研究者再进一步提出假设、通过实验收集数据进行证伪，这是一种理论先行的研究方法。

第二条路径是观察（observation）—理论建构（theory building）—假设（predicting）—实验证实（experiment）—理论检验（theory testing）结论（implication）。这与第一条路径不同，研究者是先观察到人机交互的过程中机器的拟人化程度会影响人们的使用体验，进而提出一系列假设并进行实验来验证猜想、建构理论。这两条研究路径都是可行的，只是研究方法不尽相同。

总而言之，当下传播学已经处在一个岔路口，我们究竟是要创建新的理论，还是检验旧的理论？要被新工具、新方法和新现象牵着鼻子走，还是说回到研究的出发点，探索研究的灵魂所在？是未来需要观照的首要问题。

【整理：陈雪娇】

第三节　传播学学科任务与学术发展：新闻传播学科国际学会主席对话

【本节要点】

本节由新闻传播学科国际学会的主席介绍新闻传播学科的几项主要国际会议，如，国际传播学会（ICA）、新闻和大众传播教育学会（AEJMC）、美国全国传播学会（NCA）、美国广播教育学会（BEA）等。各位主席还共同探讨了当下传播学科面临的问题、如何推进传播学科发展，以及各学会目前面临的问题、正在实施的方案和措施。

【作者简介】

Mary Beth Oliver（玛丽·贝丝·奥利弗），国际传播学会主席（2020年），宾夕法尼亚州立大学传播学院杰出教授，德国曼海姆大学访问学者，北卡罗来纳大学特聘教授。研究方向：媒介效果、媒介心理学、娱乐心理学、媒介与情感、媒介与种族和性别。

Tim P. Vos(蒂姆·P.沃斯),新闻和大众传播教育学会主席(2020年),密歇根州立大学传媒艺术与科学学院新闻系主任。研究方向:新闻学、媒体社会学和把关、媒介史、媒体政策。

David T. McMahan(大卫·T.麦克马汉),美国全国传播学会主席(2020年),西密苏里州立大学传播研究与新闻学院教授。研究方向:媒体和技术、人际关系、修辞批评。

Tony R. DeMars(托尼·R.德玛尔斯),美国广播教育学会主席(2020年),得克萨斯农工大学康莫斯分校文学与语言学院教授。研究方向:广播与移动端新闻、媒体技术/大数据、传播法。

周树华,国际中华传播学会会长,亚太传播联盟(ACPC)副主席。密苏里大学新闻学院教授。《广播与电子媒介期刊》(Journal of Broadcasting & Electronic Media)主编,《传播与社会》(Communication & Society)、《计算机在人类行为中的应用》(Computers in Human

Behavior）副主编。研究方向：受众研究、数字新闻、媒介效果、媒介心理学、社交媒体、体育新闻、电视新闻、视觉新闻。

一、新闻传播学科国际学会介绍

（一）国际传播学会

国际传播学会（ICA，International Communication Association）是一个传播学学者间的国际性学术组织。[①]成立于1950年，目前有来自全球100个国家的8500多名成员。自2003年开始，作为非政府学会（NGA，Non-Government Association）与联合国正式达成合作。

ICA有许多细分的研究兴趣小组和分支领域（groups and divisions），力求能够覆盖整个学会成员对当下传播环境新变化所产生的研究兴趣。学术年会通常是在5月或6月。ICA会帮助一些无其他资助但符合资格的研究生成员提供差旅补助，非常愿意帮助学会中处于学术生涯起步阶段的学生和学者，希望建立一个有着良好学术关系的平台。

ICA出版很多期刊，这里特别介绍其中六个，包括：《传播学刊》（*Journal of Communication*）、《计算机媒介传播》（*Journal of Computer-Mediated Communication*）、《人类传播研究》（*Human Communication Research*）、《传播理论》（*Communication Theory*）、《学会年鉴》（*Annals of the Association*）和《传播、文化与批判》（*Communication, Culture & Critique*）。期刊同时涉及社会科学和人文学科。

ICA内有许多奖项。ICA会士（ICA Fellows）这一奖项通常授予对传

---

① ICA官网：http://www.icahdq.org/。

播学有杰出贡献的学者。还有额外的研究类的奖项、导师奖项、新秀类的奖项、终身成就奖等，奖项涉及学会的各个方面。每个研究部门中也设置了部分奖项，作为对所有人做出的学科贡献的认可。

（二）新闻和大众传播教育学会

新闻和大众传播教育学会（AEJMC，The Association for Education in Journalism and Mass Communication）是一个由新闻传播的教育工作者、学生和媒体专业人士组成的非营利性教育协会。[1]该协会的使命是促进新闻传播教育的最高标准，培养尽可能广泛的传播研究，鼓励在课堂和课程中实施多元文化社会，以及捍卫和维护沟通自由，以实现更好的专业实践和更好的公众知情。

AEJMC成立于1912年，已有一定的历史。AEJMC是一个美国学会，起初主要是为新闻学的教师们而成立。自成立以后，学会在过去一百多年中曾多次变更名称，不断扩宽视野，将关注焦点延伸到大众传播领域。20世纪70年代，"大众传播"被添加到组织名称中，这反映了学会不再仅关注新闻业，而是更广泛地关注其他传播行业和传播现象。

相较于其他学会只专注于学术研究，AEJMC还投入了大量精力推进传播学科的教学工作，例如，整理学术会议和学术期刊中的材料以适应教学的需求。除此之外，AEJMC也非常关注媒体职业中的自由和责任，并一直与传播业界保持紧密联系。大学要培养学生进入传媒行业，如，公关业、广告业、新闻业、广播电视行业、纸媒行业和互联网行业等。因此，与业界的紧密沟通其实是我们学会支持业界的一种方式，赞赏他们出色的工作，同时作为学术界我们也对其进行必要的伦理道德监督，坚持业界应对其所犯的错误负责。因此，AEJMC学会里不仅是专家学者间的交流，也包括与业界人士的互动。

---

[1] AEJMC官网：https://www.aejmc.org。

AEJMC有19个分支领域（divisions）、9个兴趣小组（interest groups）和2个委员会（commissions）（注：截至2020年）。这一系列分支领域涉及媒介史、政治传播、媒介伦理等，与国际传播学会有一些重叠，但AEJMC也有一些其他分支领域，诸如报纸、网络新闻、杂志、电子新闻（即将改名为广播电视和移动媒体）等。这些结构还是针对20世纪的媒体平台来设置的，涉及很多关于大众传播的研究方向。任何研究大众传播的学者基本上都可以在AEJMC学会里找到一个展现研究成果的空间，并与其他学者交流。

AEJMC有超过4000名成员。最近几年，会员数在3500上下，成员数量一般也会随着会议的出席情况而有所波动。如，2020年在旧金山的学术年会并没有采用线上形式，这在一定程度上也会影响到学会的成员数量。AEJMC在美国还赞助了两场区域性学术会议。这些会议非常有利于培育青年学者或研究生，可以让他们在没能参与全国学术会议的情况下，仍有机会获得一些反馈意见并最终修改完善他们的研究。

从几年前开始，AEJMC会时常举行国际会议。例如，在智利圣地亚哥举行了一次会议，2019年参与了在巴黎举办的世界新闻教育大会（WJEC），在国际上相当活跃。前面提到，AEJMC成立之初是一个美国学会，现在学会里也有许多来自其他国家的成员，设置了很多奖项，包括毕业论文奖、优秀论文奖、终身成就奖等。

AEJMC学会出版的期刊有3本。其中，《新闻与大众传播季刊》（*Journalism & Mass Communication Quarterly*）是旗舰期刊，是学会国际化的标志，因为发表在这一旗舰期刊上的学术研究来自世界各地，而不仅仅是美国。学会的各个部门的兴趣小组一共出版18本期刊，最重要的一本是《大众传播和社会》（*Mass Communication and Society*）。

AEJMC也出版一些书籍，这些书籍来自我们的一个委员会，部分成员会参与到书籍的编著。学会与兰培德出版社（Peter Lang）合作，出版了

"AEJMC Scholarsourcing"系列丛书。AEJMC的成员可以提出关于书籍的提案或想法，学会把这些提案和想法收集起来发送给各个成员，然后成员对其进行投票并提供反馈，最后从中选择一部分收录在该系列中，每年出版一次。例如，由Alexis S. Tan（亚历克西斯·S.谭）所著《全球传播和媒体研究》(Global Communication and Media Research)就是其中之一。

AEJMC同时是一个综合性学会，许多其他学会隶属于AEJMC。学会有一个附属委员会（Council of Affiliates），包括业界学会，如职业记者学会（SPJ，Society of Professional Journalists），以及其姊妹学术学会，如国际中华传播学会（CCA，Chinese Communication Association）。AEJMC还与新闻与大众传播学院学会（ASJMC，Association of Schools of Journalism and Mass Communication）合作，两个学会是同一个总部、同一个办公室和同一个执行董事。后者主要是提供大学的教学课程方面的资源。学会还参加了认证委员会（Accrediting Council），有资格对符合学科高标准的课程项目进行认证。

（三）美国全国传播学会

美国全国传播学会（NCA，National Communication Association）成立于1914年，比AEJMC稍晚几年。NCA在全球共拥有大约6000名成员。学会的使命是致力于通过人文主义、社会科学和美学诉求，研究传播的各种模式、媒介及其效果，最终推动传播学科的发展；以及帮助和支持传播学的学者、教师和从业者的专业兴趣、研究和教学。[1]

NCA有大约60个分支领域（divisions）、部门（sections）和小组（caucuses），每个人都可以找到符合自己的研究领域。NCA出版11本学术期刊，提供传播学科中的最新研究，在一系列学术领域中展现不同观点。

---

[1] NCA官网：https://www.natcom.org。

所有NCA成员都可以访问这些期刊的最新一期和电子存档。学会还出版了在线杂志《光谱》(Spectra)，该杂志的文章主题主要围绕传播学的学者、教师和从业者。NCA还为其成员提供有关传播学科的大量数据。成员会收到传播学项目的报告、研究生教育数据、传播学科其他领域的工作。其中一些报告采用"C-Brief"(C-简要说明)的形式，基于由NCA国际办公室工作人员共同分析的数据呈现学科的简要快照。

NCA学术年会每年有数千人出席。除分享学术研究之外，还有特色讲座、特别项目、交流机会和其他活动。2020年的学术年会是完全在线上的，有大约4200人注册参会。NCA还举办各种项目和其他会议，为成员提供职业发展机会。例如，国际讨论与辩论委员会（CIDD，Committee on International Discussion and Debate）通过美国以及各国学生间的讨论辩论，在交流实践中促进了国际理解；中美交流和国际传播吸引了来自世界各地的学者和媒体从业者就前沿传播话题进行对话。NCA也非常关注教育，为会员提供了丰富的教学和学习工具。这些资源可在线获取，包括有关课程的信息，以及电子辅助工具（E-tools series），包括每月发表一篇关于如何将新技术融入课堂的文章。

（四）美国广播教育学会

美国广播教育学会（BEA，Broadcasting Education Association）总部位于华盛顿特区，与全美广播电视协会（NAB，National Association of Broadcasters）一起。BEA成立于20世纪50年代后期，正是电视刚出现的时候。BEA不仅仅是一个广播电视组织，起初的确非常注重广播电视，但如今已均衡地涵盖了各类媒体。[1]

BEA的独特之处是在传统学术研究和创新性学术研究之间取得了平衡。

---

[1] BEA官网：https://www.beaweb.org。

BEA有19个兴趣分支领域（interest divisions）。例如，学术和创意工作、纪录片、国际、法律与政策、多元文化研究、生产美学与批评、研究、体育、写作等。在任何一个兴趣领域，我们都不仅研究广播媒体。BEA学术年会有数百场会议，包括教学会议、教学技术工坊、创意工作会议和学术研究会议。

学术年会一般会于4月举行，和全美广播协会的展会同期举行。包括常规的学术研究展示，以及研讨会和讲座。除此之外，学会一直与Blackmagic Design（视频革新公司）和苹果等科技公司保持联系，并保证这些业界人士参与我们的会议，举办关于不同类型技术的研讨会。除了春季的学术年会，BEA也举办区域性会议（On Location），在拉斯维加斯、科罗拉多州、匹兹堡和休斯敦等地的大学举办过。BEA也参与了世界新闻教育大会（WJEC，World Journalism Education Congress），做了一些全球性的事务。最近几年和中国的学术协会进行交流，还赞助了BEA拉丁美洲会议（BEA Latin America）。

BEA出版三种期刊。其中一个是基于网络技术的出版理念而建立的。学会的旗舰刊物是《广播和电子媒体学刊》（*Journal of Broadcasting & Electronic Media*），最近还出了一个中国特刊。

BEA媒体艺术节（BEA Festival of Media Arts）是一个创意学术研究竞赛，同时也是一个面向师生的国际性数字媒体和广播电视竞赛，有300多所参赛学校和1500多位参赛者。共有15个不同的比赛项目，包括8个学生项目和7个教师项目。比赛类别有音频、纪录片、电影和视频、互动多媒体和新兴技术、新闻、编剧和体育，以及一个国际项目，包括音频、纪录片和电影。

BEA媒体艺术节特色鲜明，有50多个参赛类别（categories），确保学会保持像做期刊文章一样的水准，参赛作品接受率很低，尤其是在"卓越奖"（Award of Excellence）、"最佳竞赛奖"（Best of Competition）和"艺术节最佳奖"（Best of Festival）的评选上。教师项目的参赛作品接受率是20%，这样的接受率同样也是一个高质量的艺术节应该有的。参赛作品都经过同行审议，始终确保每个作品都有三名或更多位审稿人。秋季，学会举办"电影48小时"（Film 48）的活动。这是一个在周末举办，持续48小时的学生竞赛；在春季，学会举办音频短片比赛（Audio Shorts Competition），通常是公益广告或纪录片之类的作品，参赛作品将在我们学术年会上展示，学生作者将免参会费。

二、当下传播学会面临的挑战和采取的措施

（一）新冠病毒感染疫情和线上会议

当前ICA正在努力解决的挑战之一是线上会议。2019年第一次举办了线上的学术年会，2020年由于疫情再次选择线上，但仍是一次非常充实的会议，我们从成员那里学到了很多。

AEJMC也面临疫情带来的挑战。学会是建立在个人参与基础上的。当我们彼此分开时，合作很难以完全相同的方式进行。线上会议很有价值，但我们仍然需要身体在场，只有当我们聚在一起时，才可能有更多的学术交流合作方式发生。

NCA也面临线上年会的许多问题。例如，2020年学会共计划了三种不同的会议形式，第一是线下的面对面会议，第二是线上线下的混合式会议，最后我们选择了第三种，完全线上会议。在会员方面，考虑到疫情下会员们的境遇，如学科发展基金和差旅基金削减等，NCA也减少了会费。可能之后我们都要面临这些问题，所以非常需要给学者们一个加入学会的理由。

（二）包容、多元、平等和准入

ICA学会是一个国际组织，所以非常致力于实现包容、多元、平等和

准入。因为我们来自世界各地,有不同的文化背景,这必须是我们要面对的核心问题,也将持续成为我们关注的焦点。

NCA也关注这个问题。对学会来讲,结构性的变革很重要,特别是在那些对学术学会重要问题有兴趣且付出很多的人离任之后,结构性变革可以使原来的战略长久持续。

BEA已经开始思考如何容纳不同的声音。为此,学会举行一种自发的线上会议,我们称之为"Pop-up"(基于突发重要议题举办的临时会议),讨论一些对学会成员而言很重要的话题。例如,在美国乔治·弗洛伊德(George Floyd)事件发生之后,我们进行了一次完整的"Pop-up"会议来讨论这一话题。这一项改革也是除了线上会议之外学会期望继续做下去的举措。

(三)重新思考学会名称、身份和学会结构

因为AEJMC学会现在在全球环境中运作,所以必须重新考虑学会的名称和身份。这不仅是一个学会的事情,而且是所有学会甚至整个学科的事情。

传播学的研究领域正在迅速发展,分支领域和部门结构的固化,会阻碍学会发展。我们发现,AEJMC学会现在只有不到50%的成员加入部门或兴趣小组,这可能是因为他们不会固定在一个学术研究领域,而是变动不居。对此,学会需要更加灵活并逐渐适应,助力他们尽其所能、做出优秀的研究。

NCA面临的一个挑战,也是其他学会可能面临的,就是联结学者(connecting scholars)。人们对于学术年会的抱怨之一,大约是当人们来到会场后发觉这个会议太大了,有时多达5000人在一起,有点让人应接不暇。学会有大约60个不同的分支领域、部门和兴趣小组,每个部门都专注于特定的研究领域。但作为一门学科,传播学需要学术交叉。比如,如果笔者在研究媒介,笔者最好知道人际传播领域的最新成果,因为人们正是在人际交往中使用媒介的。所以,在不同学术研究领域之间搭建联系,并

为我们的成员提供这些机会很重要。

（四）学术研究的公共传播

传播是学会公共职能的核心。虽然很多领域的专家都可以谈论媒体和传播，但在一个健康的社会环境中，传播学学者应是传播核心。所以学术研究的公共传播是ICA学会当下努力做的事情。

AEJMC认为，学会的成员也需要参与到公众讨论和辩论中去。例如，欧洲的同行们，在国家委员会（National Commissions）的层面上研究虚假消息，而我们在美国并没有真正参与其中。学会的影响需要扩大，而不是自说自话，必须要在公共领域占有一席之地，参与并在公共政策讨论方面建言献策。AEJMC也有一些面向外界的举措，比如，"新闻参与日"（News Engagement Day），试图让人们意识到，我们应该一年中至少有一天关注并庆祝新闻，看到它的重要性，不要把新闻当成理所当然。

关于学科的外展（outreach）。NCA组织了各种项目吸引公众，通过媒体广泛地宣传我们的学术研究。我们的学者需要活跃在社交媒体上，掌握公共政策的钥匙。无论从学科的角度还是从学会的角度来讲，推广传播学的学术研究、宣传传播学的学者尤为重要。

（五）数字化

数字化是一个巨大的挑战，我们已经应对了几十年。当下传播学会的数字化应对到了关键时刻，因为近来出现了不少问题。AEJMC工作的专业方向与业界相关，比如，新闻业，这些专业之间的界限逐渐模糊或正在打破，公民新闻兴起，任何人现在都有能力参与到传播活动中，这在以前完全是不可能的。我们必须重新思考这些新兴职业，重新思考作为一个学会组织的身份。

数字化的另一影响是"真实性"（authenticity）的建立不再基于地理

接近性，也不再基于初级群体的关系。现在，有更多的地区会议、小型的专业化程度更高的期刊正在涌现，比如，在威尔士卡迪夫举办的名为"新闻业的未来"（Future of Journalism）的会议论坛，它完全不同于AEJMC、NCA、ICA或BEA这样的大型综合性会议。但是，当我们细分为越来越小的学术团体时，宽泛的学科联系甚至跨学科联系可能就会丢失。

数字化尤为深刻地影响了AEJMC，因为学会名称包括"大众传播"（MC）。而大众传播似乎无法覆盖学会的定位特点。大众传播是一个20世纪的概念，而我们当下是2020年。现在大众传播仍然存在，但它是一个小得多的概念了，并不包含网络传播、社交媒体等。这不仅仅是学会所面临的问题，更是我们成员、我们的成员机构共同面临的问题。我们必须思考我们的学科身份是什么。当我们开始沿着更宽泛的媒介生态系统（broader ecosystem）思考的时候，我们必须反问，AEJMC和ICA、NCA到底有何不同，或者BEA与AEJMC有何不同。这些是未来几年需要努力解决的有趣的问题。

（六）国际化和全球化

国际化也是ICA学会名称的一部分。学会年会大约每三年就有一次在美国以外的地方举办，也在很多不同的国家和地区举办了许多场区域和附属会议（regional & affiliated conferences）。例如，2020年10月ICA与中国上海交通大学共同主办的"2020新媒体国际论坛"国际学术会议。

随着全球化的深入发展，学术生态系统也在变化。各学会成员也在加入其他学会。尽管"我们是一个国际化的学会"这种想法其实很美国式，但是广泛参与国际化事务、跨越国界进行学术思考对我们来说尤为重要。国际化对学会和学科来说都是一个挑战。

（七）鼓励合作、学术指导和职业发展

即使每个学会都有各自独特的研究领域，但我们确实在以一种方式相

互合作、协调、做事和分享成员，这其实是一个共建共享的"合议行为"（collegial activity）。

ICA的成员来自全球各地，拥有不同的资源和能力来吸引其他学者参与他们的研究。例如，在美国，我可能在获取技术方面拥有资源，但笔者在美国的被试很受限。学会希望推出一个平台界面（interface），目标是让这个平台成为一个枢纽，那些有研究想法并且想要与世界各地的学者合作的人，可以通过这个平台建立联系并寻求合作。这对于每个人来说都是双赢，鼓励学者之间的国际对话，理论上这有助于拓宽我们的研究。

AEJMC一直是年轻学者开展职业生涯的地方。学会有一个招聘会，雇主会来面试那些在会议上展示他们研究成果的研究生。我们现在想把这个活动更进一步，贯穿教师们发展和晋升的整个学术生涯，甚至直到他们退休。

三、传播学的学科身份与未来发展

周树华：传播学学科面临的一个问题就是身份问题。很长一段时间，我们不能宣称传播学或新闻学是一门学科。它更像是一个领域，而非一门学科。然而，技术变化如此之快，传播学作为一个领域或学科如今受到了许多其他学科的威胁，甚至包括工程学。当学者在设计某些东西时，他们会考虑传播；当医生与患者交谈时，他们会考虑传播。所以，传播不只是我们学科独有的。如果我们不小心，可能会失去传播学的学科身份。学会可以合力共同解决的问题之一，就是思考我们的研究领域及其未来。在过去的20年里，中国的新闻传播学院如雨后春笋般涌现。目前中国有超过1400所新闻传播学院[①]。新闻传播学科在中国发展得非常快。

---

① 注：截至2020年，据教育部学位与研究生教育发展中心，共有56所开设新闻传播学学科的大学排名情况；截至2018年8月，根据公开可查的报道资料，全国共有120家各类部校共建新闻学院单位和项目。

Tony R. DeMars：事实上不存在发展传播学的通用方法，也找不到我们所认为的适合叙事的通用策略。我认为拉美媒体或者中国媒体进行美国化是没有意义的。我自己在参与国际活动中感觉到有所裨益之处，就是学习其他国家怎么做。认证（accreditation）的规则、培养计划、学位形式是可行且重要的，可以有效地帮助学生进入业界和学界。认证的价值在于它设定了优秀的标准。但谁来制定标准？当认证机制运作良好时，一所院系、一所大学有自己的一套价值观，而认证机制表达了这些价值观。认证可以带来新的视角、帮助你实现正在努力实现的目标，并帮助你们找到自己的盲点。我认为我们大家要分享想法和相互学习，而不是试图建立一套国际标准并认为每个人都需要遵循它。

Mary Beth Oliver：我们生活在一个全球连接的世界。我们需要做的是，拥抱我们作为这个地球一员的多样性。因此，我认为传播学作为一门学科，可以完全接受其国际性，并基于这种国际性建立学科。在从理论上彻底研究透传播、新闻、人际传播、组织传播或其他方面的传播现象的过程中，我们并非一定会处于一个强有力的位置。

David T. McMahan：传播学这个学科或领域，拓展性（expansiveness）既是它的优势，也是它的劣势。传播学涉及那么多的领域，有时我们很难清楚地说明什么是传播学、包括哪些二级学位，或者可能涵盖哪些研究领域。我同意我们必须是多学科的。其他学科不会向我们靠近，我们需要去主动靠近他们、需要分享。我们需要拥抱学科的这种拓展性，并坚信"我们在这里。这就是传播学学科和领域。这是我们相对其他学科的中心性（centrality）"。

【翻译：毛璐璐，整理：杨雅】

第四章
智能媒体、人机交互、跨文化传播与数字治理研究前沿

本章导读

新媒介技术以自身变得越来越智能的方式，降低连接普通人的门槛，提升信息流转效率，并渗透至人们的工作场域、政治参与场域、组织场域、社会治理场域、生活场域等，促使人类的行为、观念、关系乃至文化等发生深刻变化。

在本章，斯图亚特·艾伦教授重思数字时代摄影专业的价值规范；辛西娅·卡特副教授从独特视角分析了媒介与女性问题；姚正宇教授分析了媒介化社会行为研究的过去与未来；许坤助理教授谈及人机交互的三个理论框架；杜娟副教授等则回顾了全球多元文化语境下组织传播研究领域中的重要研究视角与研究议题。汪炳华教授等致力于探讨数字主权、互联网治理与全球化等问题。

新媒介技术是人类智慧的结晶，亦反过来挑战着与其互动的人类的智慧。

第一节　数字媒体研究前沿对话

【本节要点】

"数字图片"部分通过生动而丰富的新闻摄影案例,讲解数字时代新闻摄影的变迁。当前,越来越多非专业人士加入新闻摄影中,比如,普通人、业余爱好者、事件发生地的人、自由职业者等,都有机会分享他们拍摄的照片。这给新闻记者的工作也带来了极大的冲击。因此,我们需要重思原有的价值规范和摄影传统,通过平和摄影(peace photography)的方式重构摄影。

"年轻群体,新闻和数字公民"部分以独特的角度展开对媒介与女性的思考。例如,许多年轻女性正在成为评论人、博主,在社交媒体广泛发声;年轻女性如何参与公共生活,以及如何应对公共机构对于女性的刻板印象等问题。

【作者简介】

斯图亚特·艾伦(Stuart Allan),英国卡迪夫大学新闻、媒体与文化研究学院教授、前任院长。他在新闻、媒体及文化研究领域发表了广泛著作,其中包括专著及合著。目前,他正在出版合著 *A History of War*

Photography(《战争摄影史》，劳特利奇出版社) 和 *An Examination of Visual Citizenship*(《视觉公民身份考试》，牛津大学出版社)。他在多家国际期刊的编辑委员会任职，包括 *Journalism: Theory, Practice and Criticism*(《新闻学：理论，实践与批评》)、*Digital Journalism*(《数字新闻学》)、*New Media & Society*、*Journalism & Communication Monographs*(《新闻与大众传播专论》)、*Global Media and China*(《全球媒体与中国》)。

辛西娅·卡特（Cynthia Carter），英国卡迪夫大学新闻、媒体与文化研究学院副教授。她发表了大量关于儿童、新闻与公民权与女性主义新闻与新闻研究的著作，其中包括 *Journalism, Gender and Power*(《新闻、性别与权力》，劳特利奇出版社，2019); *The Routledge Companion to Media and Gender*(《劳特利奇媒体与性别指南》，劳特利奇出版社，2013); *Current Perspectives in Feminist Media Studies*(《女性主义媒体研究现状》，劳特利奇出版社，2012)。她是女性主义媒体研究的联合创始编辑，并在众多媒体和传播研究期刊的编辑委员会任职。

一、数字图片的日常化：新闻专业人士和非专业人士界限的模糊

谈到数字图片，我们必须认识到它在围绕新闻和期刊的辩论中的地位，西方新闻业现在被认为处于一种危机状态，新闻摄影当然也不能幸免于这

种广泛的危机感，这种危机感正在不断地引发关于期刊的未来和假新闻时代的辩论。

社交媒体上流传着许多虚假图片，如果每个人都是公民摄影记者，那么谁还需要摄影记者和专业人员，如果由原来的公民执行这个角色，那么现在很多人都在谈论摄影记者的末日，他们认为这是互联网驱动逻辑下的又一个牺牲品，我们实际上是在见证新闻业的重生。

普通公民或个人对新闻制作的崛起是一个非常积极的发展，它为我们的活动提供了机会，它让我们重新想象什么是新闻业，对于新闻来说什么是真正重要的。在新闻报道变得越来越视觉化的时候，一些新闻机构正在采取措施关闭或削减相关的投资，甚至是视觉新闻。这听起来可能很矛盾，但在很多方面确实如此。这是因为我们一直在努力寻找一个维持新闻机构生存的可行商业模式，确保他们能在互联网时代有利可图。所以现在有很多言论关于数字融合，关于报道效率的提高和记者新闻报道的多技能培养。所有这些平台都给我们一种感觉，摄影记者的概念正在受到越来越多的质疑，很多人哀叹新闻实践中所公认的传统的东西正在逝去，对提高效率和增加灵活性越来越重视。

当涉及战争摄影时，这些问题有了额外的意义。关于战争摄影中最重要的是什么人能成为战地摄影师？大家感受一下战场环境，新闻摄影在其中的角色定位以及它如何随着时间发展变化。你在这里看到专业目击者的照片，这也是一种来思考专业的战地摄影师或专业的战地新闻摄影记者的方式。然而他们的工作正越来越多地受制于一系列不同的要求，这使得他们的工作越来越困难。政治压力会对专业的战争摄影产生影响。至少他们会被认定为战斗人员，你会看到政府试图减少他们对真相的承诺，很多时候为了阻止他们完成工作，而采取了激烈且具有戏剧性的措施。

现在新闻机构的经济压力正在增加。对于新闻机构来说，经常派出自己的摄影记者通常费用非常昂贵。相反，他们会依赖其他类型的组织。有时非政府组织与新闻机构内部共享资源，或者依靠通讯社等其他来源，以此平衡预算。摄影图片中间商崛起，形成新的互联网中心网络的生产和分销环节。对于非专业的摄影者，处理新闻图片的人往往不是他们自己，记者或编辑甚至没有受过任何关于新闻优先事项的训练，而只是把这些图片当作商品用来购买和出售，这可能是今天要讨论的最重要的主题。

摄影日常化，也就是职业摄影记者的改变，越来越多的普通人参与到这个过程中来，业余记者、旁观者、碰巧在那里的人，他可能是一个人权相关的活动家，可能是一名救护人员，可能是某个非政府组织的人，一名自由职业者，形形色色的人。他们可能在新闻摄影方面没有特别的投入，但是要有镇定的心态与他的粉丝分享。也可能是他们想把照片分享给世界的其他地方，希望新闻机构会报道它们，在这种情况下成为人们的耳目。

我们生活在一个越来越视觉化的社会里，而且感觉我们看到的东西都是一样的，这种视觉观念是普遍的。克里斯蒂安·麦茨在他的书中说的是，实际上我们需要认识到普遍性的意义是有问题的。社会存在的每一时期都围绕着一个特定的主导视觉主体。什么才是视觉？人们如何看待世界？人们如何与世界联系？很大程度上是权力的问题。他用了"双子座"这个词来描述这种占主导地位的感觉系统。直至我们现在的社会，他认为我们变得以"镜头"为中心。视觉比其他感官更重要，这反过来又引出了一些有趣的问题，围绕着可见和不可见的区别。其他理论家马丁·杰伊从历史的角度看这个问题，"我们需要确定，通过技术导向和视觉控制破坏男性凝视的潜在再结合的目的"。阶级、性别、种族、性取向等问题，就像我们的主观身份一样。相反，他们以不同的方式来思考关于视觉的问题。

回到2001年，当时还没有"公民新闻"这个词，在西方，这并不是一个被发展或者阐述的概念。我们还看到了其他类型的短语，像业余新闻记者、个人新闻、自行报道等。在最接近公民新闻的地方，笔者确实找到了一个参考。笔者认为这是《华盛顿邮报》对公民新闻的看法，就个人作为公民的概念而言，几乎变成了一种义务或责任，要在没有适当证据的情况下开始取证的工作。你会发现有些人尽他们最大的努力，诚实地传达他们所看到的关于不容置疑的主观的东西。他们没有试图去听，也没有假装自己是一个客观公正的摄影记者。他们只是简单地说，这是我在哪里，这是我所看到的，我要尽我所能地记录下来，在某种程度上能与情绪上的活动产生共鸣，哪些影响了他们对事件的理解和经验，以及那天发生了什么。

当普通公民从事新闻工作时，新闻业发生了什么？早期的普通公民并不主张公正、平衡和客观。这些价值观经常被用来描述一个专业的新闻工作者，相反他们会说，我在这里，这是我看到的。他们分享的很多材料都是原始的。相比之下，它几乎让更专业的新闻报告看起来更干净了，有一种原始、直接、主观性。专业新闻有时是多么狭隘和受限，当然，原因是西方新闻机构不想让广告商失望，或者超越了某些公认的好品味以及合适恰当的界限。2004年，我们可以看到，士兵们自己也会进行某种视觉报道。在AbuGhraib（阿布格莱布监狱），我们看到许多伊拉克战俘受到折磨，而这并不是记者提供的证据，这是战士们自己提供的，来记录他们的行为。

在不同的认知中，图像如何以特定的方式组织我们的感知和思维。图像不能指示我们去理解什么，但它们肯定会鼓励某些特定理论的推论。笔者认为这是一种以更微妙的方式来思考的过程。

二、年轻人、新闻和数字公民

美国媒体学者桑德拉·夸特斯（Sandra Quartes）框架强调数字公民的领域应该包括数字技能的规则，她确定了17个领域：人工智能、政治参与、概念思维、内容生产、背景、数据、数字访问、数字经济、媒介素养、身份探索、信息、质量、法律、媒体、积极、尊重行为、安全和幸福等。我们主要关注她提到的两个领域，即公民政治参与及数字媒介素养。

当前的研究倾向于关注露骨的新闻内容对儿童的负面情绪影响，以及他们在接触新闻时会遇到的不可接受的危险。相反，关于儿童公民作为新闻受众的参与和生产者有关的建设性成果的研究仍然相当有限。此外，关于严肃新闻研究很少涉及年轻女性，相反人们倾向于关注她们与娱乐的关系。

这是一种等级性别与虚构和真实媒体的二元关系。人们倾向于认为，事实与男性一致，虚构与女性一致。我们知道，随着数字技术为她们作为记者、政治博客和社交媒体评论员的活动提供便利，世界各地越来越多的女性现在都在从事新闻工作。我最感兴趣的一个问题是，儿童是如何了解新闻的性别化？女性儿童与公共领域的联系是什么？随着年龄的增长，它会发生怎样的变化？在什么情况下，他们的声音在哪里被发现或者不被发现？这些相关的问题，希望了解如何以更流畅的方式介绍女孩的概念化，这有助于挑战关于新闻和新闻的男性假设。正如我们所知，这些一直在女性主义新闻研究领域工作的人，一直在解构和挑战等级和二元对立的规范，这些规范在严肃问题的公共领域，如政治、经济和战争的审慎辩论中阐明了男性性别。

然而，如今很少有研究试图描绘新闻业、女性儿童和权力之间的复杂关系。研究学者敦促研究人员挑战根深蒂固的结构，特别是女性儿童在公共领域中的缺席，以及假设女性对政治不感兴趣，她们对严肃的问题不感兴趣，认为她们更感兴趣的是娱乐、打扮等。事实上，女性儿童既是新闻受众，也是新闻的生产者。

作为记者、政治博主或社交媒体评论员，女性儿童在公共领域的参与已经采用了哪些形式？他们在多大程度上挑战了公共机构对女性想当然的假设？尽管有证据表明女性儿童正在参与公共领域，但现在，学者们比以往任何时候都更少涉及这些问题，除了越来越多的围绕社交媒体行为的研究领域，而不是围绕女性和新闻业。

研究人员可能会特地问，女性儿童如何想象以及为什么想象网络空间中的女性主义，以及与新闻业和权利的关系。因此，更广泛地利用这些见解，如何在不同的国家背景下，在不同的经济背景下定义女性儿童研究。不仅是一个同质的重新思考或定义，而是需要关注本地，并看到更全球化的联系。因此，为了开始解决这些问题，笔者提供了这两个案例研究，其中女性儿童成为新闻和观点的生产者。

首先，作为女性，更加公开表达自己的观点的一个问题是面对网络暴力。我们倡导的是批判性的研究，挑战霸权规范和假设，即什么构成真正的新闻、新闻和公共话语，以及谁有权这样做。女性和男性也已经被个人和公众塑造。研究的一个关键任务是确定和分析女性儿童已经在哪些方面做出了一系列的公民贡献，并发展出挑战性别束缚的批评声音。笔者认为，公共机构记录这些活动，将有助于扩大女性主义对新闻业性别化的认识。同时，它也将有助于人们更广泛地关注社会议程、社会公正、性别公平等。

几十年来，新闻与公共领域保持一致。在西方哲学传统中，男性文化与公共领域相联系，并认为二元对立的另一面是私人领域，它通常与女性、家庭生活、情感联系在一起。从新闻业的角度来看，人们的论点是，新闻只会展示人们的经历、观点和意见。这种意思正在塑造新闻制作，以再现这种男性的领域、兴趣、期望和突出这些问题。例如，2000年开始的全球媒体监测项目，观察世界新闻媒体，以及女性是如何作为新闻对象、作为新闻主题、作为新闻主持出现的。最终的结果是，女性的经历、观点、意见，在新闻中被边缘化。因为从某种意义上说，她们似乎不是公共领域的一部分，而像全球媒体监测倡议这样的项目的作用是提高我们对这一点的认识。事实上，女性更多地在网上发言，作为网络舆论领袖，在期刊或论文上表达自己的感受或意见，已经成为一种在当今社会中表达女性力量的新方式。

因此，从很小的时候起，就应该鼓励儿童接触新闻，不论女孩和男孩，这样他们就能培养一种与世界联系的感觉。性别平等意识也会对男孩产生积极影响，更接受那些更具参与性、敏感性和包容性的新闻形式。年轻人中的一些人可能在他们生命中的某个时刻成为公民记者。我们总是要学习敏感地意识到并包容阶级、种族和性别问题，更广泛地看待一个更具包容性的社会。这种意识需要发展，比较理想的实践是从幼年开始的。

【翻译整理：李钒】

第二节　媒介与人机交互

【本节要点】

第一部分"从沟通界面到沟通主体：媒介化社会行为研究的过去与未来"对科技与社会行为之间的关系和新科技对于我们社会行为及整个社会带来的影响进行了深刻探讨，指出非常复杂的多方向性的传播是社交媒体所带来的一个很重要的改变，并对"人类的社交习惯和人际关系会随着智能化的发展而改变吗"等问题做出解答。

第二部分"社交线索的力量：关于人机交互的三个理论框架"阐释了与媒介技术中介行为有关的"计算机是社会行动者"、"媒体是社会行动者"以及"社交线索"三个理论，并做出延伸解读，提示社交线索很重要，且当人们体验到强大的媒介作为社会参与者的存在，而技术在线索的质量和数量上都不够时，无意识的拟人化应该更能解释这种体验。

【作者简介】

姚正宇（Mike Yao），美国伊利诺伊大学厄巴纳-香槟分校媒体学院教授，兼聘 Gies Collega of Business（吉斯商学院）教授，Charles H. Sandage Department of Advertising（查尔斯·H.桑德奇广告系）主任，Institute for Communication Research

（传播研究所）、Cline（克莱因）尖端社会科学研究中心，以及 Beckman Institute for Advanced Science and Technology（贝克曼尖端科技研究所）研究员。他现任 Journal of Computer-mediated Communication 副主编以及多本知名 SSCI 期刊的编委会成员。他 2006 年毕业于 University of California, Santa Barbara（美国加州大学圣塔芭芭拉分校），获得心理学、电影学双学士及传播学博士。在加入伊利诺伊大学之前，他在香港城市大学媒体与传播系任教 9 年，并负责其线上行为及眼动研究实验室，也曾为 PARC（Palo Alto Research Center，帕洛阿尔托研究中心）及 Google（谷歌）等多个国际性企业及机构在教育科技、网络管制、大数据挖掘等项目做研究顾问。

许坤，美国佛罗里达大学新闻传播学院助理教授，主要研究方向包括人机交互、计算机辅助传播、新媒体以及媒介心理学；关注 Presence（在场）概念在社交机器人、虚拟现实、增强现实等领域的发展和应用。研究成果发表在 New Media & Society、Journal of Computer-Mediated Communication、Journal of Broadcasting & Electronic Media、Telematics & Informatics（《远程通信与信息学》）、Computers in Human Behavior、Mobile Media & Communication（《移动媒介与传播》）等期刊。

一、从沟通界面到沟通主体：媒介化社会行为研究的过去与未来

科技与社会行为之间的关系和新科技对于我们社会行为整个社会带来的影响很大程度上还是属于心理学的范畴和传播学的范畴。同时，学科领域的理论建构、理论发展、研究范畴和范式也和这几十年来的科技的变化和演变息息相关、不可分割。在很多的理论心理学理论、社会学理论、传播学理论研究中，我们所研究的现象具有很大的扩度，比如，研究社会的变迁。与此同时，我们生活在一个具有冲击性的时代，新科技所带来的社会变化并不是一个循序渐进的变化，所以我们必须要思考新科技对于我们的社会行为、每天的日常生活所带来的影响。

第一个非常重要的概念即"communication"，在中文里有两层意义：传播和沟通。一个广而告之的传播即大众传播，一个单向性的传播即个人或者是媒体单向传播给社会；而沟通强调互动的人际沟通，强调人与人之间的交流关系。在英文中，这两个层面其实均属于传播学或者沟通学。传播学和沟通学是两个独立分开的学科，但在当今社会中进行了合并。简单来讲，一对一的这种人际关系的沟通是属于沟通学而不是传播，传播学更大程度上是一个广泛的大众传播模式。

第二个核心概念是媒介（mediums）与媒体（media）之间的关系。媒体（media）是生产资讯内容的机构，媒介是传递资讯内容的载体与介质。在传统媒体年代的大众传播语境下，媒体与媒介概念基本可以互换，比如，电视台、电视节目和电视机在传播的基本概念中实际上基本指代同一样东西。电视作为载体，电视内容是承载的信息，电视机承载了显示电视节目的功能。而在沟通学范畴里，媒介一直被视为信息传递核心，媒体并不是研究重点。媒体研究（media studies）和沟通学（communication science）

实际上是两个不同的研究范畴。媒介在沟通学中一直是非常重要的一个环节。一旦处于非面对面的沟通需求，人与人之间的沟通需要通过一个媒介（电话、电报、手机、电脑等）作为一种介质完成。因此，在沟通学范畴里面，媒体本身作为一个机构内容生产，并不是研究重点，而通过媒介实现信息传递的过程是沟通学领域的核心。另外，互联网时代，传播学研究必须在理论层面区分媒介影响（medium effects）和媒体影响（media effects）。媒体影响更多的是强调内容对人的影响或者一个机构对人的影响等，而媒介影响则是研究媒介作为一种介质或者工具对于人的影响。

媒介为中介的社会行为（technology-mediated social behaviors）更多的是处于沟通学的研究范畴。回顾历史，在研究发展的初期阶段，计算机作为沟通媒介缺失了很多的社会信息。比如，30年之前通过计算机，人与人对话的时候只能打字或者只能使用符号，但是没有办法进行视频、音频沟通，仅仅使用文字聊天，而且几乎是与不认识的人进行沟通交流。在这样一个计算机中介当中，会产生沟通上面的歧义、误解等一些问题。因此，20多年前的理论大多是关于如何克服计算机这种单薄媒介所造成的信息缺失的沟通问题。比如，研究通过计算机只能用文字、符号无法见面进行沟通的情况下，人们为什么会发生网恋？社交网络Web2.0的时代开始，我们不再是人和人之间的单一沟通。通过计算机作为媒介的沟通是点对点的单一沟通，每一个人或许可以聚集在一个很多人的聊天室，聊天室里的人们互相之间是没有关系的。但是有了社交网络之后，每一个人与每一个人的社会关系都被联系起来了。同时，媒介包括音频、视频等技术都趋于成熟，互联网也有能力传送更多的社会信息，早期的社会信息缺失的沟通环境变成了一个多元性的多媒体的社会沟通环境。

综上，非常复杂的多方向性的传播是社交媒体所带来的一个很重要的改变。接下来需要思考的是，手机时代、后手机时代、物联网时代、5G时代，我们的媒介会变成什么样子？是媒介融入万物、媒介无处不在、媒介自主自动、媒介的界面拟人化等。

首先，媒介融入万物。通俗来讲，作为电脑也好、手机也好，媒介实际上在慢慢地退回到物体的本身。过去电脑很大，现在我们可以利用手表上面媒体的界面媒介来进行操作。所以，其实在人与人沟通的时候，我们可以试想一下像星球大战中所呈现的一样，人与人之间的沟通交流是通过用3D肉眼直接将对话方呈现在彼此面前。这也就意味着在对话的时候，如果我们的墙壁、茶杯、冰箱等随处可见的物品都智能的话，我们就不再需要手机、电脑等媒介了。未来的媒介科技是融入万物的。5G时代，一棵树、一棵草、一个茶杯等都可能是连接了互联网的，都可能是物联网的一部分。在这种情况下，媒介实际上是隐形融入万物了。

其次，媒介无处不在。随时随地每一样东西都和互联网连接的时候。那么甚至每一棵树都可能是智能的。比如，在农业领域，每一棵草每一片土地，当他们水分不够的时候，他们会自动连接自助无人机过去浇水。在这种过程中，所谓的媒介其实是无处不在的。

再次，媒介自主自动。媒介自身会推送内容。它了解使用者喜欢听什么音乐并进行相关音乐的传递。它可以有选择性地让我们去看或不看一些东西，我们甚至不知道所遇到的可能是媒介已经过滤过的东西。媒介自主自动融入万物，无处不在。

最后，媒介的界面和互动更加拟人化。现在的媒介可以使用声音、自然的语言等与我们进行拟人对话，甚至媒介会自己主动与我们形成对话。比如，亚马逊的Alexa（亚莉克莎）、微软小冰等。

那么，它们以一个具体的形象自主自动、无处不在地融入万物带来了什么样的结果呢？未来的传播学、沟通学的研究应该如何去研究和思考这个问题呢？我们既不能随波逐流地不断被新科技推着鼻子走，但是也需要建立一套理论的系统来支持这样天翻地覆的变化。事实上，个人认为传播学和沟通学未来研究必须有一个哲学层面的聚焦——"我们为什么要去研究这个东西",回到这样一个形而上的问题去梳理未来研究。作为学者、知识分子,我们在进行研究的时候,"我们究竟为什么去研究"是一个基础性问题。如果研究是为了造福社会或解决问题,那我们应该要不断地跟着新科技走、研究最新的科技,否则研究会很快被淘汰。但是如果研究是属于社会心理学的、人的行为是研究主体,那么我们应该以人为本,探究人类在人机互动、人和科技之间交流中扮演什么样的角色。

随着智能化浪潮涌来,"人类的社交习惯和人际关系会随之改变吗"是我们需要思考的第一个问题。第二个问题是如果一个虚拟的AI人工智能能自主地完成大部分的日常指示,你还是你吗?具体来讲,在AI的帮助下,存钱、提钱、购物、社交关系等都不再需要我们去管理,它们可以帮我们定时在社交网络上发照片、分享心情、分享音乐、共享视频等,甚至代替我们工作赚钱,那么这个哲学层面的问题也就出现了——在这样一种社会环境里面,有时候我们还是我们吗?我们存在的意义何在?这个题目可能听起来有点大,但已经是现实存在的问题。比如,三星的实验室2019年推出了四个虚拟的、完全由AI控制、现实不存在的人物。这些虚拟的人可以出现在手机屏幕上面,可以出现在店铺里面等。它们会同我们打招呼,嘘寒问暖;但是这个虚拟的人物的情绪、所讲的话、所做出的表情,全部是人工智能的后台用算法进行控制的。那么在不久的将来,上述问题将不再是科幻的问题。如果我们能够用一个AI实现购物、存钱、维持社交等,帮我们不断地转发信息、点击、点赞,并工作赚钱。我们再利用所赚取的钱去让AI自主地去购物、消费等,陷入此类循环。那么我们不得不思考哲学范畴的一些问题,诸如此种情形下,我们还是人吗?人类社会会变成什么样子呢?科幻已成现实,未来就在门外,人类何去何从?这些看似抽象的哲学问题的背后有着一个实实在在的社会科学命题:当沟通媒介超越了科技、工具的范畴,并具有了主动性和社会性之后,人与科技如何共处、沟通及互动?

随着媒介技术的发展，30年前我们使用电脑，10年前我们使用手机，那么未来的10年可能是物联网，比如，通过手表等作为我们沟通的媒介。当我们沟通的媒介超越了工具的范畴，超越了科技的范畴，媒介自身具有主动性、可以思考并拥有自己的个性、性情，逐渐拟人化后，我们人与科技如何共处、如何沟通、如何互动，这个问题并不是一个哲学的问题，而是一个社会行为科学的命题。

那回到我们所提出的几个研究问题，这些问题使我们可以更有动力去推动理论层面的研究。第一个问题，什么叫"mediated social behavior"（媒介社会行为），并且通过媒介介质所进行的这种虚拟的社会行为和现实状况当中究竟有什么样的误差？人格在互联网当中的体现和真实的人格之间是否存在误差？误差具体体现在哪些方面？第二个问题，人和科技之间如何互动？第三个问题，作为一个载体或者内容，媒体或者媒介在人与科技的互动当中究竟扮演一个什么样的角色？第四个问题，传播学、沟通学作为一个已经成熟了已近百年的领域，其所建立起来的一些理论范畴、范式、研究工具，应如何为人机交互及其影响的研究做出贡献？

此外，对于人工智能（AI），特别是数字化辅助设计，可以从三个层面去理解。第一个层面，有些信息是人可以赋予。比如，AI的名字，在中文文化中，起名的时候，我们会多多少少赋予被起名的东西一个意义，意味着听到名字时我们已经代入了一个东西。这个属于人可以控制的。

第二个层面，设计者一开始如果真的想要设计深度自我学习的机器人，学习的过程中机器人所接触的东西相当重要。比如说，谷歌之前的算法发现存在种族歧视。那么，为什么会出现种族歧视或者性别歧视？因为整个社会存在种族歧视或者性别歧视。机器学习就像一个小孩子的学习过程。把它放在一个大染缸里，这个染缸是什么颜色，它最后就变成什么颜色。所以，机器在学习的时候，它学习的读物、样本，最后会决定它的社会性。

第三个层面是交互性。因为人工智能不只是通过学习已有的知识，新的交互是不断地与人去交流。比如，因为笔者觉得小冰的名字很可爱，听起来性格像一个十五六岁的可爱女孩子。所以笔者下意识地与她沟通的时候，笔者会去适应她的这种沟通方式。我们的语音、口音都会互相地、自然而然地去学习对方，互相影响。

二、社交线索的力量：关于人机交互的三个理论框架

三个理论在某种程度上都与媒介技术中介行为（technology-mediated social behaviors）有关。三个理论之间是递进的关系。其中，"The Computers Are Social Actors Paradigm"（CASA 范式，计算机是社会行动者范式）是其他研究者提出的一个非常有名的理论。后续两个理论"The Media Are Social Actors Paradigm"（媒体是社会行动者）以及"A Category Of Social Cues"（社交线索）是我们的一些思考和对原始理论模型的一些延展。

关于"计算机是社会行动者"的具体理解，可以通过几个具体的问题进行深入探讨。第一个问题，假设有人看到我们手上有一个非常可爱的玩具，但是我们把它非常用力地扔到了地上，然后大家会如何评判我们呢？第二个问题，我们是否对机器人或者电脑发过火呢？比如说，当我们使用办公软件撰写了一篇很长的论文后却发现忘记保存了，此时我们的心情是不是想把电脑砸掉呢？第三个问题，请扪心自问，我们是否曾经试图通过击打一个电视机使它恢复信号？也就是说，当电视信号不好的时候或者无法正常工作的时候，大家是否听信过这样一种说法——击打电视机就可以恢复正常使用。

这些问题背后其实有一个非常奇怪但又有趣的现象。对于第一个问题，

如果我们把一个非常可爱的洋娃娃丢到地上，大家可能会觉得行为人是一个非常残忍、缺乏爱心的人。但是洋娃娃并不是真的人，没有真实的生命。那为什么当有人把洋娃娃丢到地上的时候，我们会产生不好的印象呢？同样，我们对电脑发火也是这个道理。即使需要的文档没有及时保存，但是电脑只是一个机器，它们并不会对我们的发火作出回应，并不会因为我们的生气而将文档恢复。这是学者克利福德·I.纳斯（Clifford I. Nass）和巴伦·李维斯（Byron Reeves）在20世纪90年代初提出的一个研究问题和发现，也意味着这个发现背后隐藏着一个非常有意思的事实：人类会投射自己的感情和态度在机器上面。于是，他们提出了"计算机是社会行动者"理论。他们为此在20世纪90年代初进行了一系列的实验研究，并得出相应的结论：人们会把计算机当作真正的人来看待，并且当人们在回应计算机或者其他科技的时候，人们通常会用一种社会化的方式进行回应。

"媒体是社会行动者"理论主要聚焦在媒介影响（medium effects），而并不是聚焦整个媒体的内容。"计算机是社会行动者"理论框架其实已经广泛应用在HCI（人机交互）领域了。举例来讲，Skeuomorphism（拟物化）是HCI里面一个比较广的运用领域，通过模拟人与真实事物的交互进而投射到人机交互。另外，早年Microsoft（微软）提出的Office（办公软件）助手——Clippy（大眼夹），帮助人们使用Word（文本）文档时，不仅是实现简单的电脑互动，而是通过一个代理人进行互动。尽管它的使用体验可能不尽如人意，但是其设计的出发点本身是值得肯定的。其设计从"计算机是社会行动者"理论出发，试图使人的交流体验更加自然、流畅、直接。在我们的社会，人与人之间会使用很多的社会线索进行交流，比如，眼神、肢体动作等；当一些社会信息被应用到科技领域时，人们因为习惯，使用社会线索进行交流；当技术也体现出社会信息后，那么人们自然而然会将技术作为人看待。所以，提出"mindlessness"（无意识的）这个概念，也就是说，人们在进行人机交互的交流时是一种非常自然的、无意识的行为。

接下来将介绍一下个人对上述理论范式的延伸思考。"计算机是社会行动者"里面仍存在一些没有解决的问题。第一个问题，该理论并未证实，在唤起用户的社交反应方面，技术的某些方面是否比其他方面更强大，以及它们的不同组合如何对社交反应施加附加或协同影响。第二个问题，该理论尚未能准确指出何时以及为何会发生上述无意识（mindless）行为，那么笔者个人的思考正是基于这一点，试图找出可行的办法去解决关于无意识行为什么时候发生、为什么会发生等问题。第三个问题，克利福德·I.纳斯和巴伦·李维斯认为技术必须展示出足够的信息来引发无意识的社交反应。但是"足够"这个程度词过于抽象，什么才算"足够"呢？换句话说，社交线索如何才能算是社交线索呢？第四个问题，"计算机是社会行动者"实际上是基于一系列的实验研究得出的结论，在更大程度上是一个结论而不是一个理论的框架。那也就意味着它缺少一些学者可以用来推导假设和研究问题的具体命题。

因此，基于"计算机是社会行动者"理论去进行更新这个20世纪90年代初提出的理论框架，其中社交线索起到了非常重要的作用，因为在原始的理论中也已经提到声音、语言、文本等这些信息是可以唤起人们的社会化反应的。举个简单的例子，对于无人驾驶车，我们抱有很高的社会期望。我们在过马路的时候遇到一个无人驾驶车的话，那么我们并不知道这辆车是否会注意到我们并停下来。于是，有人提出为无人驾驶车增加社会信息，目的是如果无人驾驶车可以传递给人类社会信息，人们在心理上会觉得舒适并且有一种安全感——"这辆车注意到我了，我可以放心地走"。因此，也可以看出社交线索相当重要，可以帮助提高使用体验和交互体验，同时帮助我们更好地去了解唤起社会存在并预测的机制。

事实上，在人与人的交流中，存在一批初级社会线索（primary social cues），它是人类对社会性的感知中最突出和核心的，也是唤起社交反应的充分非必要条件——足以但不是必须唤起自然、直觉和自动的社交反应。例如，人形、脸、视线、人声、手势等均属于初级社会线索（primary social cues）。次级社会信息（secondary social cues）相对初级社会线索可能没有那么重要，它们不会有特别强烈的社会回应。因此，它们相对来说是非充分不必要条件。在这里值得注意的是，有观点支持语言使用是初级社会线索，认为它是人类与生俱来的能力。例如，尺寸大小、语言使用、机器声音等。

接下来，我们简单阐述一下社交线索的重要性。它们很大程度上组成了我们对技术的理解，包括其交互性、社会认同、陪伴作用、独特性、寿命等。

在我们的研究所延伸发展的理论模型中，实际上存在一些个体差异的作用。比如，人类中心主义（anthropocentrism）是个人从以人为中心的角度看待世界的趋势，其中人类是所有实体中最重要的。也就是说，每个人都从自己的角度去理解世界的这个程度是不一样的，有些人可能更容易去把这个世界从他们的角度来理解，也可能更容易对技术产生社交反应。再比如说，年龄也是一个很重要的问题。有研究发现儿童其实对技术会更容易产生社交反应。另外，暂停怀疑（suspension of disbelief）也是一个很重要的因素，即我们每个人在多大程度上愿意去把怀疑暂停进而去选择相信技术像是人一样的存在。

除了个体差异外，背景也是相当重要的一个影响因素。举个比较有意思的例子，在语言使用规范中，我们在英语中可能会使用"clocks have faces and hands"（钟表有脸有手），"chairs have arms"（椅子有胳膊）等表达，我们也可能使用中文形容电脑等机器死机为"电脑死了"或者"手机死了"等表述，也就是说，我们会以一种人的状态的方式去理解机器的状态。在这里，我们主要是为了理解不同的文化背景下，对于语言的应用多多少少会影响我们对技术的反应。另外，有研究指出在对科技包容度更大的社会环境下，人们会更容易对技术产生社交反应。德国人相对来说不太容易对技术产生社交反应，因为他们对隐私保护、数据安全等比较在意。

回到刚刚提及的无意识行为的概念，当时克利福德·I.纳斯和巴伦·李维斯在进行研究时提出了一系列可能的解释。其中，比较重要的两个：无意识和拟人论（anthropomorphism）。当时，他们反驳了拟人论的解释。但是这个问题还存在讨论的余地，因为无意识和拟人论并不是一个互相矛盾的概念。无意识更大程度上是指人们不断地去熟悉社会信息进而产生认知，也即重复动作触发认知捷径。拟人论更多是指一种主动的行为，人们倾向于将非人类主体（例如动物、自然、神和机械或电子设备）的真实或想象行为与人类特征、动机、意图或情感相结合。此外，也存在一些其他的解释，比如，源定位和重新定位、认知负荷解释等。

而我们的研究是尽力使看似对立的无意识和拟人论两种机制统一起来。事实上，纳斯（Nass）和穆恩（Moon）2000年在他们的研究中已经指出如果要引起无意识，一个物体必须表现出"足够的社交线索"来引发无意识的社交反应，这意味着当信息不明显或不充分时，可能不会发生无意识。而拟人论则更加强调将人类精神或情绪状态归因于从想象中的鬼魂到计算机生成的点的非人类代理，这意味着即使在设计对象时没有使用社会线索，拟人化也可能会发生，因为人类可以有意识地将人类属性分配给这些非人类代理。此外，考虑到基姆（Kim）和圣达（Sundar）曾在2012年指出，拟人化可以无意识或有意识地发生，我们使用无意识拟人化和有意识拟人化来统一媒体作为社会参与者存在和社会反应的解释。具体来说，当媒体技术显示大量高质量的线索时，无意识的拟人化应该具有更大的解释力。换句话说，如果技术同时展示了一组初级社交线索，用户可能会情不自禁地对技术做出无意识、直观和自发的反应，因为这些信息是自然的、微妙的、强大的。相比之下，当人们体验到强大的媒介作为社会参与者的存在，而技术在线索的质量和数量上都不够时，无意识的拟人化应该更能解释这种体验，因为这样的场景表明，个人故意且深思熟虑地将人类特征归因于这些线索有限的技术。

另外，社会化到底是什么意思呢？第一个方面，我们拥有一个社会化的大脑。不管是从结构上还是从认知心理学发展上来说，大脑本身就是一个社会化的大脑。有一项心理学理论指出，我们可以基于社交线索的状态推断他人的心理以及之后的行为。也就是说，我们的大脑有一种推论的能力。这种推论能力被很多研究证明是人类和一小部分动物才有的能力。另外，作为人类，我们通常以自我为中心进行建模，人类无法理解做一个桌子/椅子是什么感受，而是只能从人本身、从自己的角度出发去理解和体验这个世界。我们的大脑决定了我们交互的方式是社会化的。

第二个方面，我们的生存方式是社会化的。这一点是从进化学的相关文献得到的一些启发，原始人时期，我们进化为社交性动物是因为要抵抗外力，比如，抵抗一些灾难性的环境，人们就会互相住在一起，作为一个团体来抵御风险。事实上，社会化在过去的文献中是有非常清晰的定义的。社会化意味着合作抵御外界环境风险和避免危险的能力。李维斯和纳斯在2002年提出，我们的大脑还没有进化到区分中介（媒介）对象和非中介（媒介）对象，两种解释是不谋而合的。简单举例来讲，当我们处在4D的世界中，眼前突然出现一只老虎正在向我们走来的照片，在我们的内心多多少少会出现一个非常自然的反应——害怕，紧接着第二步我们会告诉我们自己暂停怀疑——因为我们是能分得清楚现实与媒体世界的，老虎其实在媒体上面。

第三个方面，经过发展进化，人类已经具有适应性和灵活性。人类已经发展出在与他人交流和合作期间灵活使用社会信息的倾向。它沉淀了人类的合作过程。我们对技术的社交反应会有所不同，正如我们在与儿童、外国人、陌生人和朋友（以及这些类别的个人之间）相遇和互动时的社交反应会有所不同。举例来讲，使用键盘打字是我们学习的一项技能，这样我们就可以与计算机互动，但这种行为本身最终是一种相互依赖的形式，这被认为是作为一个社会物种的本质。

综上所述，在人与机的交互当中，个体差异的因素以及背景因素等会影响我们的社交反应，以及技术是由不同的社交线索来组成的，这是其中的一个拓展模型。

此外，如何去更好地研究科技呢？为了更好地回答这个问题，我们可能需要对CMC（计算机辅助交际）和HCI进行交叉研究，查看过去CMC研究的内容、HCI的相关研究。如果他们有着同样的研究内容或者对象的话，这个同样的东西就可以作为桥梁将二者联系起来。所以，我们使用了Dubbin（杜宾）1978年的一项关于交互的类别界定（categorical law of interaction）的研究。另外，我们主要关注到线索（cues）和社会存在（social presence）这两个概念同时在被CMC和HCI研究。在过去的研究中，社交线索（social cues）并没有一个非常清楚的定义。虽然信息长期以来一直是CMC理论的核心概念，但它经常被各个领域采用而没有解释。学者们现在以各种方式使用"线索"一词，尽管他们赋予该术语不同的含义。由于信息通常被用作代表各种含义的总括性术语，这可能会导致字段内部和字段之间的混淆。也因此，一个关于信息更加严格、科学的分析非常急需。

对于信息和社会存在（social presence）的概念理解，社会信息可能相对来说比较好理解。第一，社会信息可以作为社交信号（social signals）。比如说，我们在使用zoom（多人手机云视频会议软件）或者微信等软件与人聊天的时候，所谓的社会信息在过往的研究中被称为社交信号。第二，线索是我们在使用在线群组的时候较多出现的。20世纪90年代，在线聊天室和讨论组在日常互动中变得更加普遍。聊天信息包括组头像、颜色标签、别名、兴趣、性别、IP地址等。HCI研究人员还将信息作为社会类别进行了研究。过去的研究表明，个人可以与计算机形成团队关系，并通过指定的颜色、国籍和名称等信息将人形机器人识别为群体成员。

第三，沃尔特（Walther）的研究——作为线索元素的提示。在基于文本的实时聊天系统不断增长的环境中,学者们提出了SIP(会话初始协议)理论。SIP理论表明,随着时间的推移,个人将在面对面和CMC设置中实现类似水平的线索交换和印象形成,因为中介环境中的用户会解释他们可用的线索信息。沃尔特进一步认为,人际关系可以积极和消极地膨胀。这种超个人化的沟通模式是由于在线用户能够在各种社交平台上自定义其个人资料而开发的。该模型表明,信息发送者可以利用CMC的异步特性进行选择性的自我呈现,而接收者将采用这些线索元素并形成消息发送者的刻板印象。在这些线索元素交换过程中,个人观察和解释,如语言风格、对话偶然性、表情符号、停顿、编辑状态、时间和响应延迟等。消息发件人可以操纵其头像,昵称和个人基本资料信息的线索。即使是线索的最低限度的可用性(例如,响应者正在"打字"的迹象)也可以被视为信息接收者处理的线索的一部分。这些线索也存在于HCI中。一些最早的HCI研究试图模拟人类智能,并专注于创造能够以适当的语言和内容做出反应的机器。最近的研究已经检查了线索的内容以及计算机程序如何与自然语言中的用户进行交互。这些研究解释了为什么一些语音助手或社交机器人可能需要结合响应时间,停顿甚至表情符号等线索,以更有效地响应人类的询问。

最后一点,我们可以看到当我们平时使用亚马逊或豆瓣的评分作为一些社会线索进行判断的时候,线索具有了技术可供性。由于HCI的一个关键重点是用户感知,行为和技术属性之间的相互作用。这些技术设计元素可以用作模式可用性、代理可用性、交互可用性或导航可用性。这些技术线索(例如随波逐流信息,导航按钮)可以影响用户与媒体的互动,确定他们对内容的态度,并利用界面的可信度。

我们可以注意到CMC与HCI在社会信息和社会存在方面不同。不同之处在于他们对线索来源的评估。虽然早期的CMC理论通常将线索视为通过技术过滤的人为生成的信息,但一些HCI学者正在研究线索作为技术设计的产物，以及如何促进人机关系。在小组讨论的背景下，CMC学者研究了匿名效应以及当用户专注于群体身份时如何与他人形成群体关系。此外，学者们的目标是了解阅读信息作为线索元素如何使沟通者形成对他人的印象，维持关系，并依靠刻板的知识来预测他人的心理和身体状态。相反，HCI专注于作为社交信号的信息如何唤起计算机的拟人化并模拟人际沟通组件。虽然他们的方式方法会有不同，但是由于现在科技的发展，它们结合得很紧密，是一个很好地结合研究的机会。比如说，传统的CMC更多是说用户和电脑等科技是怎么交互的；HCI则是主要研究用户如何与科技进行互动。

我们需要更新概念并整合CMC和HCI对社会信息进行理解，以便为未来的研究提供信息。回到聊天机器人的话题，对聊天机器人日益普及和复杂的研究是整合不同线索视角的必要性的一个例子。聊天机器人可能会被分配不同的头像，性别或个性特征。他们对社交媒体的介绍使聊天机器人和人类在同一平台上共存，这需要一系列理论的组合，这些理论将线索的感知检查为人类和计算机生成的。由于一些在线聊天机器人账号可以像人类账号一样显示头像，指定性别和爱好，因此用户可能无法在匿名的在线环境中区分聊天机器人和真人。在这种情况下，用户可能会接触到多个聊天机器人的评论，因此在小组讨论上下文中检查用户如何理解聊天机器人将是有意义的。研究人员可以检查线索作为结合CASA范式的社交类别的影响，以了解用户如何与聊天机器人形成群体关系，以及聊天机器人如何对用户的态度和行为变化施加同伴压力。

另外，关于电脑代理人的研究也是一样的。这些媒体技术包含大量信息，如社交信号、线索元素和社会类别。一方面，在与这些计算机代理交互时，如果个体将代理视为社会实体，则个人将体验到作为社会参与者的媒介存在。另一方面，如果计算机被视为虚拟代理和用户之间的中介，他们将体验到媒介中的社会参与者存在。先前的研究表明，在用户与计算机代理的交互中，多层源取向的复杂性。由于这种交互式代理通常嵌入媒体界面中，研究人员可以比较并可能构建新的分析和测量，这些分析和测量曾经分别植根于CMC和HCI。这些结果将有助于理解用户将这些非人类代理视为人类，计算机对话者或其中的某种组合，并有助于发现用户社交反应的目标。

对于远程呈现的社交机器人，既有CMC的接口也有HCI的接口，那如果远程的人的行动与机器的行动不一致，我们到底会更关注哪一类的社交线索，是HCI的层面还是CMC的层面。同样地，虚拟现实也是一样。VR和AR技术提高了信息的额外复杂性。协作VR环境和触觉交互工具的新可能性可以从引入HCI概念中受益。例如，增加力量和触摸反馈可以提高用户的沟通效率，并开辟一个更高效的公共空间。在这种情况下，用户与触觉设备（作为可用性的提示）和VR中的化身（作为中介社交信号的提示）的交互可能会决定他们在虚拟环境中与这些数字参与者在一起的感觉。综上，社交线索在媒体科技里面的应用会变得越来越重要。

【整理：刘欢】

第三节　跨文化语境下的组织传播与创新

【本节要点】

当前更加复杂、更加多元和不确定性的社会和文化的环境,对于不同形态的组织机构进行传播、合作与创新,都提出了一些新的挑战。本节回顾近年来,在全球多元文化的语境下,在组织传播研究领域中出现的一些重要的研究议题,包括柔性管理和女企业家的修辞构建,通过职业性社交应用,如,微信等推动员工在组织中的社会化、企业社会责任和国际难民危机等。

【作者简介】

杜娟(Juana Du),加拿大皇家路大学传播与文化系副教授,美国纽约大学坦登工学院技术管理和创新博士后,香港浸会大学传理学院博士,北京大学新闻与传播学院硕士、学士。主要研究方向为组织传播与组织文化、跨文化传播与适应。其研究主要关注跨国组织在多元文化语境下,所面对的组织文化和组织内部沟通问题,特别是在组织变革过程中,如何进行组织内部文化整合多元文化沟通,以及如何通过打造

第四章　智能媒体、人机交互、跨文化传播与数字 治理研究前沿 / 205

学习型组织文化适应外部的不确定性环境。担任全球管理学会年会分会场主席（2020年）和国际传播学会跨文化传播分会委员会成员（2017—2020年）。其学术论文发表在跨文化管理和传播的主要期刊上，包括 Journal of International Management（《国际管理杂志》）、Asia Pacific Journal of Management（《亚太健康管理期刊》）、Journal of World Business（《世界商业杂志》）、Journal of Asia Pacific Communication（《亚太传播杂志》）、New England Journal of Entrepreneurship（《新英格兰创业杂志》）、Oxford Bibliography（《牛津书目》）等。

陈凌，美国俄亥俄州立大学博士，英国艾瑟克斯大学研究硕士及伦敦大学硕士，香港浸会大学传理学院荣休教授。研究兴趣包括组织传播、跨文化传播、传播心理学、沟通与争论、人际传播能力、语言与社会互动，以及华人传播等。在各类学术期刊、选集书册发表了七十多篇论文、论著或编辑选册，曾担任学刊 Management Communication Quarterly（《管理传播季刊》）主编和 Communication Theory 副主编，亦任多份国际学术期刊的编委，包括 Human Communication Research（《人类传播研究》）、Journal of Applied Communication Research（《应用传播研究杂志》）、Journal of Communication、Journal of International and Intercultural Communication（《国际和跨文化传播期刊》）、Chinese Journal of Communication（《中华传播学刊》）、Discourse and Communication（《话语与传播学》）等刊物。

王璐，美国范德堡大学皮博迪教育学院人与组织发展系助理教授，美国西北大学传播学院博士后，美国南加利福尼亚大学安娜堡新闻传播学院博士，新加坡国立大学新媒体传播硕士，南京大学新闻传播学院学士。研究领域为组织传播和社会网络分析。研究内容主要关注不同类型的组织机构如何建立战略合作关系，如何整合资源去应对环境中的不确定因素从而有效地解决社会问题，以及如何评估不同机构之间的合作关系。其学术论文发表在组织传播和非营利机构领域的主要期刊上，如，*Management Communication Quarterly*、*Communication Monographs*（《传播专著》）、*Business & Society*（《商业与社会》）、*Journalism and Mass Communication Quarterly*（《新闻与大众传播季刊》）、*International Journal of Communication*、*Mass Communication and Society*（《大众传播和社会》）、*Stanford Social Innovation Review*（《斯坦福社会创新评论》）、*Nonprofit and Voluntary Sector Quarterly*（《非营利与志愿部门季刊》）等。

一、跨文化语境下组织传播的研究视角

第一种研究视角，是将组织传播看作在一个具体的组织情境中存在的传播现象。比如，在一个公司中、在一个政府机构组织中，或者是在一个学校中，人们是怎样进行沟通与互动的。第二种研究视角，是把组织传播作为一种解释组织存在的形式，从社会文化的角度进一步解释组织传播的现象。组织这种形态实际上通过传播、互动、沟通而得以存在。近些年非

常多的研究集中在第二种研究视角，特别是知识密集型组织相关的传播和创新活动。

组织文化在组织传播学领域是一个非常重要的研究议题。在当今全球多元文化的语境下，跨国组织如何去定义和审视组织文化，有效地促进组织内部的沟通。今天越来越多的组织，实际上跨越了文化的界限、跨越了传统的地域的界限。他们在进行组织的变革和整合过程中，会面临一些新的文化问题，价值冲突问题。组织需要回答如何通过内部文化的整合，进一步提高员工的多元文化沟通能力和沟通效率，如何通过选择不同的沟通策略，运用不同的媒介，更好地适应外部复杂的、不确定性的社会文化环境，打造学习型的组织文化。

二、柔性管理：女企业家的修辞构建

在世俗眼光中，女性和企业家是相距甚远的两个角色。女性主要是主内的，以阴柔见长，男性主要是主外的，以刚阳取胜。那么女企业家如何在公众中树立一个有效的正面的形象？一项香港浸会大学博士论文研究以肯尼斯伯克的戏剧五元理论作为基础，对叙事的主题做分析，了解他们如何通过修辞建构来建立"柔性的管理者形象"[1]。

叙事主题主要是三个方面，第一是企业发展主题，第二是员工管理主题，第三是角色定位主题。研究分析结果发现，女企业家在三种话题中采用了三种不同的对策作为主要的叙事结构，核心都在于化解管理内容中难以避免的刚阳气质，且强调叙述风格上传统的女性化气质。用叙事来冲淡内容，达到修辞中的平衡，平衡女性和企业家双重身份社会对她们的两

---

[1] 钱悦. 柔性管理：中国女企业家的修辞构建 [EB/OL] . (2020-07-16) [2022-07-25] . https://scholars.hkbu.edu.hk/en/studentTheses/ 柔性管理-中國女企業家的修辭構建.

种要求。

第一个主题有关企业发展，用大篇幅的叙述对女企业家做的事情细节进行描述，把注意力集中在女企业家具体的行动，她们可以做什么、什么时候、怎么做，这样就把女企业家报道重点放在具体行动上，显得她踏实务实，而且冲淡了企业目标的所谓刚阳性。这个就是对企业发展目标的叙述。

第二个主题是员工管理互动。因为是女企业家自己的故事，都是用第一人称讲述她们亲身经历的如何与员工互动，而不是用规律来叙事，就很有故事性，以此体现了女企业家的灵活性、沟通性、包容性、沟通能力和她们对员工的理解，体现个性差异、柔性管理的风格和女性的细腻。

第三个主题是角色定位。女企业家对场景进行描述，以此来相对弱化自我的存在感，可以避免被贴上男性化的标签。她们做的各种各样的行动可以归因于有这种场景的外因，因此在语言风格上不得不体现一种比较被动的特质，以及迎合了大众和社会传统对所谓"女性美德"的需求。

三、微信和员工在组织中的社会化

通过社交媒体的功能特性，检视技术特点和人的因素，如何决定社交媒体应用程序与组织相关的使用。以微信为例，一项香港浸会大学博士论文研究结果表明[1]：第一，微信有些功能特点能够让这些新入职者获取其他渠道没有的交流机会；第二，微信朋友圈的信息可以帮助他们揣摩同事或者上级对他们就任职务身份的预期，以协助自己建立就职身份；第三，微信各类帖子提供了一些信息，使他们可以熟悉、了解同事的背景和同事的想法，这些信息有助于建立与同事的关系，这是微信使用的功能特性的方面。

---

① HUANG L. Organizational socialization via WeChat: affordances and paradoxical outcomes of the professional use of social networking mobile applications [D]. Hong Kong: Hong Kong Baptist University, 2019.

在似是而非研究的结果方面，研究注意到：首先，人们慢慢随着时间的推移，开始担心一些事情，比如，什么时候可以或者如何比较合适暂停社交媒体的使用。其次，如何建构一个有一定灵活性的就职身份，以及如何判断微信职业沟通的不同类别，以及各种各样类别在不同场景下的可行性。最后，公共空间活动和私人空间活动之间的界限如何掌握，是否存在这个界限。这都是一些社交媒体使用过程中似是而非的结果，本身也是"后企业社会化"过程的一部分。通过对这些似是而非结果的揣摩，反思组织的企业文化是什么样子，反思自身的技术能力和技术框架，同时可以调节自己职业化使用微信的预期和行为。从这两方面来看，微信在就职员工的企业社会化过程中起了重要作用。

四、企业社会责任和国际难民危机

Networks（合作关系）是理解企业社会责任的关键概念。通常意义上，我们所理解的合作关系会是人和人之间的合作关系，比如，一个企业内部的，员工和员工之间是怎样在一个团队里面合作的。我们也可以把这个合作的关系上升到其他的层面，比如说，组织和组织之间的合作关系，甚至是国家和国家之间的合作关系。

我们的研究主要在这个框架下，分析企业社会责任和国际难民危机。所采取的数据是在2012年到2017年，根据世界500强每年所发布的社会企业责任报告，用内容编码的方式去分析哪个行业、哪个地区的区域公司更为活跃。然后也去分析它们是怎样帮助难民的。我们采用的理论叫作制度理论（institutional theory），制度理论的主要观点是说，企业的社会责任，是为了迎合社会大众的需求，是为了去获取合理性。同时，在每一个行业里面，企业的社会责任项目是会互相效仿的。比如说，看到Google一个项目很有成果，那作为另外一个科技公司，也可能想跟它去一起学习，模仿一下它的项目。目前的英文文献里，针对企业社会责任的分析主要是一些比较通俗易懂或者说没有什么争议性的社会课题，比如说环保；但是，比较有争议的，比如说，枪支暴力问题（gun violence issues），或者说堕胎问题（abortion rights），这些都是不太会去讲的。在最近几十年的时间里，企业社会责任的研究也非常多，甚至说我们可能在新闻里面也会看到。举个例子，亚马逊2018年的时候盈利额超过了110亿美元，在疫情期间，也在不断雇用新的员工。但是这样的一个企业，每年支付的联邦税是零，因为每年报税的时候可以利用自己是科技公司或者其他的一些方法来拿到税法上的一些福利。你如果作为一个普通大众，肯定也会想说一定要去批判他们对不对？所以，亚马逊其实在很早以前就已经意识到这个问题。在2015年的时候，他们做了一个新的企业社会责任项目叫作"亚马逊微笑"（Amazon Smile），你去亚马逊网站买东西的时候，经过一个专门的链接，你所花费的一定的比例就会自动地捐给一个非营利机构。

在此项研究中，移民问题或者说国际难民问题其实是非常具有争议性的。那么，我们就把这个难民问题定义为所谓的"新兴社会问题"（emerging social issue）。这些问题还没有在大众舆论中达成共识，也就是意味着很多的企业需要非常小心翼翼地去应对。我们分析发现，的确在世界500强企业中，一些企业并不是非常活跃地去帮助解决国际难民问题，甚至有一些即使企业参与了也不愿意去分享很多的细节。具有战略性的沟通策略的企业，主要就是科技公司以及总部在欧洲的公司，它们更愿意帮助难民去更好地适应一些新的环境，提供就业培训、法律援助等。当新兴的社会问题和企业的社会责任接轨的时候，企业的应对还没有达到一定的制度性，需要探讨一些适当的具体的模式。

【整理：梁雨辰，杨雅】

第四节　互联网与数字治理研究*

【本节要点】

第一部分,"全球化的三重困境"。从理论化的高度提出关于全球化的三个问题的同时表示,国家主权是阻碍全球化的一种结构性因素。一个解决办法是寻求"薄"的全球化,即有选择地全球化,同时还能保留国家主权和民主。

第二部分,"互联网治理与主权问题"。国家利益与互联网的商业利益产生了冲突,一定程度上的巴尔干化是可能的,摆在我们面前的不是阻止巴尔干化,而是在管理的同时,保护和捍卫互联网的核心原则,言论自由、创新和机会均等。

第三部分,"数字主权与网络空间"。全球网络空间和领土主权是不相容的,需要国家之间互相合作,网络空间是一个全球性的公共领域,需要更松散的、网络化的、去中心化的治理形式,我们需要更新自由民主的理念,拥抱跨国公共领域。

第四部分,"数字主权的历史、发展与争议"。探讨在讨论数字主权之前,需要明晰的首要问题,即数字主权的概念到底要解决什么问题。

---

* 本篇作者分别为汪炳华(Peng Hwa Ang)、安丽塔·乔杜里(Amrita Choudhury)、米尔顿·穆勒(Milton Mueller)、吴国维(Kuo-Wei Wu)。

【作者简介】

汪炳华（Peng Hwa Ang），新加坡南洋理工大学黄金辉传播与信息学院学者项目主任、传播与信息学院教授，《亚洲传播学刊》主编。曾任2016/2017年国际传播协会的主席，即第一位当选的亚洲人主席，曾任新加坡南洋理工大学黄金辉传播与信息学院院长和主席，并曾为新加坡、泰国和不丹政府提供媒体与法律咨询。研究方向为媒体法律和政策。出版 Ordering Chaos: Regulating the Internet（《秩序混乱：规范互联网》）、Truth, not Fear: Countering False Information in a Conflict（《真相，而不是恐惧：在冲突中对抗虚假信息》）等学术著作及文章。

安丽塔·乔杜里（Amrita Choudhury），印度和海外科技政策讨论的积极参与者，参与了包括能力建设、推广和研究工作等。目前担任CCAOI（印度网吧联盟）的董事、ISOC（国际互联网协会）德里主席、IGF MAG（互联网治理论坛-多利益相关方咨询专家组）成员、APRALO（亚太地区无任所组织）主席、印度IGF协调委员会和印度互联网治理学院（inSIG）成员以及GIP（通用信息门户系统）的策展人，为印度青年互联网论坛提供咨询。其拥有Diplo（迪波洛）基金会颁发的互联网治理证书和高级分阶段安全认证证书以及高哈蒂大学的市场营销MBA学位与植物学和动物学学士学位。

米尔顿·穆勒（Milton Mueller），美国佐治亚理工学院公共政策学院教授。非商业用户选区（Non-Commercial Users Constituency）的联合创始人，并曾两次担任其主席，曾任ICANN GNSO（互联网名称与数字地址分配机构—通用名称支持组织）理事会成员，在ICANN的各种工作组中工作。研究方向为互联网的政治经济学，包括通信和信息行业的产权、制度和全球治理。研究有IP地址市场和政策、深度数据包检测技术的政策影响以及ISP的安全治理实践。著有《统治根源：互联网治理和网络空间的驯服》《网络与国家：互联网治理的全球政治》《互联网会不会碎片化？》等专著。

吴国维（Kuo-Wei Wu），NIIEPA（台湾信息基础设施企业促进会）的首席执行官，目前是TWNIC（台湾网络信息中心）、APIA、TWIA和COSA的董事会成员与执行委员。曾于2010年4月至2016年10月担任ICANN董事会成员，是HPC Asia（亚洲高性能计算大会）、TANET（台湾学术网络）、TWNIC、APTLD（亚太地区顶级域联合组织）和CDNC（中文域名协调联合会）的先驱之一。1990年到1999年，任NCHC（台湾高性能计算中心）的副主任，从1999年到2001年，担任Yam Digital，Inc.的副总裁。其拥有东海大学数学学士学位、辛辛那提大学数学硕士学位和哥伦比亚大学计算机科学硕士学位。

一、汪炳华：全球化的三重困境

主持人：您所认为的关于全球化的三重困境是什么？有相关理论基础吗？

汪炳华：关于全球化的三个问题，即是否存在结构性障碍，使全球化很难甚至于不可能实现？全球化中是否存在无论采取什么措施，都会使全球化很难实现的问题？如果解决了这些问题，全球化就容易了吗？

该问题的理论框架来自哈佛大学的经济学家丹尼·罗德里克（Dani Rodrik），他是最早提出全球化进程中问题的学者之一，因《全球化悖论》（*The globalization paradox*）这本书而闻名。在罗德里克提出的全球化三难困境中，包括全球化（国际规范和标准的协议）、民主（就全球规范达成协议的途径）、国家主权（国家的自主决定权）三个要素。

以出租车服务为例，在新加坡，叫出租车有三个要素：价格、服务的可达性、服务的质量，在这个三要素中，乘客最多只能实现三个中的两个。在互联网治理的语境中，同样面临三难困境，在这个三角形（图4-4-1）的

Political Trilemma of Global Internet Governance
Pick only two
全球互联网治理的政治三难困境（只能选择其二）

Global Standards
全球标准

Golden Straitjacket
"金紧身衣"

Global Governance
全球治理

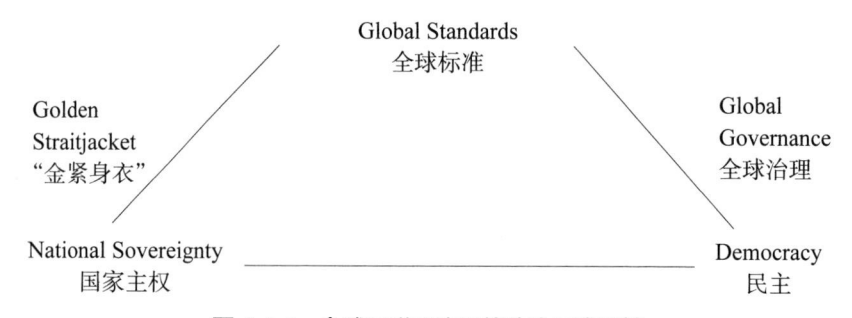

National Sovereignty
国家主权

Democracy
民主

图4-4-1　全球互联网治理的政治三难困境

顶部是全球标准，底部分别是国家主权和民主，当满足全球标准和民主而没有国家主权时，会出现全球治理（global governance）；当满足全球标准和国家主权时，会出现"金紧身衣"（golden straitjacket），但通常不会得到广大人民的同意。

罗德里克发现，没有人愿意放弃国家主权，而唯一的获得同意的方法是获得大多数人的同意，即民主，如果每个国家都坚持主权，就会导致出现全球化与全球标准规范崩塌的趋势。没有人愿意放弃国家主权，尤其是盲目的爱国者（ignorant patriots，这个领域的一个术语）。在IANA（互联网数字分配机构）过渡（IANA transition）的时候，美国代表坚决不放弃美国主权，认为IANA是美国的。如果美国能够行使这个愿望，就会出现IANA全球化的崩溃。而如果我们放弃国家主权，通过民主的形式，则可以达到全球化。在ICANN私有化的例子中，当时美国商业部放弃了一部分国家主权，最终达到全球标准的治理。当我们拥有国家主权和全球标准时，就会出现，用罗德里克的话来讲就是"金紧身衣"，也就是在国家主权之上，强加全球标准，比如CDMA（码分多址）协议和华为5G协议。

主持人：解决全球化三难困境有什么好的办法吗？

汪炳华："薄"全球化（thin globalization）可能是这个问题的答案。也就是为了摆脱三难困境，只能在特定领域和议题上选择性地全球化，而不是完全地全球化。这个全球化是薄的，并不坚固，正在进行的ICANN私有化过程和其中的一部分IANA过渡就是薄的全球化的例证。

目前的互联网治理大部分是在国家或者是本地层面。比如在社交媒体规制、广告选择（advertising election）、仇恨言论（hate speech）等领域，不是说全球治理没有意义，但基本上都是在国家和本地层面。虽然这是一个薄的全球化，但好处是它仍然是全球化，所以不是一个很坏的结果。

总而言之，国家主权是阻碍全球化的一种结构性因素。一些盲目的爱国者给全球化带来了一定挑战。这些盲目的爱国者其实在损害自己国家的利益，但是他们并不这么认为。一个解决办法是寻求"薄"的全球化，即有选择的全球化，同时保留国家主权和民主。

二、安丽塔·乔杜里：互联网治理与主权问题

主持人：我们知道，互联网治理问题一直都是各国共有的难题，您对此怎样看？

安丽塔·乔杜里：互联网治理的复杂性。引用乔万·库巴里亚（Jovan Kurbalija）的一句话来说，"虽然互联网治理涉及数字世界的核心问题，但治理不能用真假或好坏的数字二元逻辑来处理。互联网治理需要许多子功能和共同的意义和认知，它需要一种模拟的方法，涵盖选择、权衡和妥协的连续体"。

互联网给社会带来了革命性的改变，影响了政治、经济等社会的方方面面，特别是在疫情期间，互联网为我们提供了信息流通和交流的平台。互联网以去中心化的形式组织起来，在合作共识中得出决策。政府、企业等意识到全球网络的重要性，互联网去中心化的格局由此改变。为了解决DNS（域名系统）战争等争端，第一届和第二届信息社会世界峰会分别在日内瓦（2003年）和突尼斯（2005年）举行，正式将互联网治理问题列入外交议程，并成为信息社会世界峰会谈判的关键问题。

对于互联网治理的争议，先要讨论它的定义。互联网治理的定义是灵活的、有不同面向的。举例而言，通讯专家认为互联网治理是个体的基础设施；网络传播学者从表达自由、隐私和其他角度看待互联网治理；政府主要关心如何保护国家利益。所以，互联网治理这一术语是存在争议的。很多时候，互联网治理被解读为仅仅由政府来制定的决策，其实它应该包

含有限的非国家行动者参与。互联网诞生时的核心理念是不同主体在决策桌前谈论。所以，我们认为，互联网治理是政府、私营部门和民间社会在各自的作用中制定和应用共同的原则、规范、规则、决策程序和方案，以影响互联网的发展和使用。

当我们谈论到互联网的核心原则时，它包括：第一，由多个利益相关方参与治理，它是经过非国家行动者的跨国治理；第二，在技术上遵循端到端的原则；第三，由私人网络组成并由私人公司运营；第四，全球的兼容性要求协调资源分配，比如，互联网协议。

在美国政府的推动下，互联网在冷战之后开始商业化。曾经有一段时间通讯业不受经济管制，奉行市场开放政策。今天，数字世界的秩序有一些变化，有些变化导致了全球秩序的改变。先是"棱镜门"事件。随后，ITU（国际电信联盟）创立，尝试制定规则，对互联网进行治理，并在迪拜组织了世界电信发展大会（WTDC）。有86个国家参加了大会，并同意国际通讯规则，然而美国、欧洲、印度等国家表示反对。在IANA过渡期间，国家在互联网治理的讨论中走到了前面。有人呼吁互联网的多利益相关方治理模式，并加速ICANN的全球化。另一个是剑桥分析事件，它引起了对智库机构进行规制的讨论。另外，越来越多的仇恨言论、隐私、安全问题和干预，以及控制这些事情的无能为力。最后，中国作为新技术力量的崛起，挑战了美国的主导地位，我们可以看到不断发展的科技地缘政治。

主持人：从国际环境来看，互联网治理问题面临的主要挑战是什么？

安丽塔·乔杜里： 目前的挑战主要有两个，一个是缺少网络安全相关国家间共同承认的合作机制，另一个是弱化的全球组织和分裂的国际集体行动工具。欧盟方面战略实力不断下降，美国的全球影响力在下降，中国还尚无法带领全球达成共识，即便是联合国，也是一个比较弱的角色。由于一开始放任技术发展，包括AI技术、云基础设施、数据分析技术在内的科技公司引发了许多隐私和安全问题。这些年涌现的全球性的技术权力成为许多国家的担忧，而美国仍然拥有技术霸权，许多国家无力制定保护自己公民和利益的法律。

主持人：主权问题与互联网治理密不可分，您如何看待？

安丽塔·乔杜里：互联网政策变成地缘政治新的竞技场。如今，数字主权的兴起也是更大的国际问题的反映，包括民族主义的兴盛、国际政府组织的衰弱等。数字主权的表现形式，例如，欧盟的《通用数据保护条例》，这影响了许多其他国家，他们也想要制定数据本地化的政策来保护本国的数据；此外，对软件和公司的禁令，还有"五眼联盟"（FVEY）与日本和印度一起企图削弱加密的提案；并且，随着仇恨言论、假新闻在全球范围内的涌现，政府希望重新界定平台的责任。

数据本地化限制了敏感数据的流动，要求将数据存储在本地，而且各种国家对数据本地化政策执行也有不同。这会影响公司扩展全球市场，一些公司可能没有相关资源去发展相关战略，这可能不会导致巴尔干化，但可能会影响公司的商业模式。民族主义的路径也存在一些问题，互联网不是为了服务边界而设计的，它的底层架构是复杂的商业连接网络，所以就会产生域外管辖权，但域外管辖权从来不被任何国家喜欢，因此，巴尔干化将导致商业成本增加，对数据主权的错误方式可能会损害创新和经济发展。

总而言之，在互联网发展初期，各国采取自由放任的政策，促成了互联网的成长，但是今天这一框架不再适用，国家利益与互联网的商业利益产生了冲突，主权国家的合理关切需要被回应，变化不可避免。一定程度上的巴尔干化是可能的，其挑战是如何制定规则在承认所有国家的利益的同时，最小化对全球连通性的伤害。也许，摆在我们面前的，不是阻止巴尔干化，而是在管理巴尔干化的同时，保护和捍卫互联网的核心原则，言论自由、创新和机会均等。

三、米尔顿·穆勒：数字主权与网络空间

主持人：互联网会出现碎片化吗？您怎么看待网络碎片化？

米尔顿·穆勒： 2013年，"斯诺登事件"引发有关网络碎片化的争论。人们发现，美国在互联网和基础设施的主导权被用于军事和智库目的，自由开放的互联网理念因此深受打击，这就导致了各国政府呼吁数据本地化并引发了关于互联网碎片化的讨论。什么是碎片化？有人说是内容的区隔，有人说是不兼容的应用，有人说是地理区隔，有人说是语言差异和数字鸿沟。

从技术层面上讲，在互联网诞生的时候，互联网协议（IP）存在于OSI（开放系统互联网）堆栈的第三层，而TCP（传输控制协议）存在于第四层。大家使用共同的互联网协议，对所有人开放而非专有，即便美国发明了互联网协议，也没有它的所有权。IP地址只能识别服务提供商，而不识别国界，因此，第三层将互联网整合在一起。

当人们不再使用统一的互联网协议，而将世界分割为几个不同的技术不兼容的协议时，互联网碎片化就发生了。事实上，"碎片化"这个词对正在发生的事情来说不是一个好名字。"与国家管辖权的一致性"适合描述这种现象。这里所说的一致性，是指国家层面的法律规制希望将互联网归于国家的主权之下。互联网的一致性试图把互联网服务与国界匹配，这就像把圆桩打入方洞，因为互联网协议本是开放的、非专有的，它并不识别国界。

主持人：您怎么看待数字主权与网络空间？

米尔顿·穆勒：很多人谈论数字主权时，其实并不了解主权的理念，也不了解网络空间。主权这个概念出现于17世纪的欧洲，当历史性、动态性地考察这个概念时，会发现这个概念的复杂性，而且很难应用到网络空间中去。在欧洲历史上，为了巩固权力，地域性的侯国整合为统一的封建国家，将权力集中起来，扩大经济规模，将宗教权力转换为政治权力，这一主权概念很快被君王接受。一开始，主权是一个专制的概念，它被用于合理化专制政府排外的权利，尤其是领土之外，理解主权所意味的排外权利非常重要。值得注意的是，欧洲政府提出这个概念的同时，他们也将这个概念用于帝国主义和殖民主义，宣称对他们领土之外的殖民地拥有主权。到了18、19世纪自由民主革命时期，主权的基础发生了根本性转变，它不再指一个人、一个国王，而是集合性的人民，这一转变由宪法赋予人民权利来完成。

当你把主权赋予到集合性的人民手中，就会出现不同地理边界、语言、文化、地区人们之间的不匹配，并由此造成国家的终结。当我们动态地、历史地看待主权概念的时候，就会清晰地认识到概念的发展和它的问题所在。

主权是通过领土边界来定义的，但是网络空间分离了领土和权力。网络空间的虚拟边界并不标识在地图上，尽管计算机的物理层不能完全脱离领土，但物理层的设备是在网络虚拟空间中全球共同运行、互相交流的。网络空间给领主主权这个概念带来了许多挑战。将世界划分为边界清晰的政治单元并不起作用，网络空间使一致性成为一个悖论。一致性会带来两种结果。一种是一个全球性的主权控制整个互联网世界，另一种是多元主权控制孤立的数字孤岛。

首先，我们来看全球性主权。主权意味着排他，而互联网是一种分布式系统，使用自发形成的标准，有成千上万的网络独立存在。因此，一单独的全球联合实体能够以足够的权威来拥有政治学者所说的互联网主权，这意味着只有一个主权，其他所有人都会被排除在外。

其次，另外一种形式追求的是数字孤岛，这会使多元主权成为可能，但它会牺牲全球兼容性、贸易和信息服务，并意味着它是一个排他的、国家性的独立网络空间。但是似乎没有公司能够在这种条件下生存。数字主权与全球性的互联，这个问题定义了下一个20年互联网治理的景观。

总而言之，全球网络空间和领土主权是不相容的，需要国家之间互相合作，无论是中国、美国还是欧洲，都无法创造"数字主权"，除非它们愿意完全脱离彼此的联系。我们要认识到，网络空间是一个全球性的公共领域，需要网络化的、去中心化的治理形式，需要更新理念，拥抱跨国公共领域。

四、吴国维：数字主权的历史、发展与争议

主持人：数字主权争议不断，您是怎样看待相关问题的？

吴国维： 任何人要建立一个网络的服务并不困难，人们可以通过假设服务器的方式建立属于自己的局域网，但困难的地方在于要如何实现网络连接的价值。假设所建立的网络是一个封闭式的孤岛，那这样的孤岛是没有经济价值的，也是没有意义的。

那么在争议数字主权之前，应当先回顾网络的发展历史。在图4-4-2所示中，一般人们认为网络服务发展于1995年或1996年，但实际上网络服务发展时间要早于这个时间。这其中有两个原因：其一是1997年，白宫发布了一个网络电子商务的架构，其二是1996年，雅虎开始了商业化进程。随着时间的不断推移，全球接触网络的人口从1998年的3%到现如今的54%以上。

图 4-4-2　互联网的发展历史

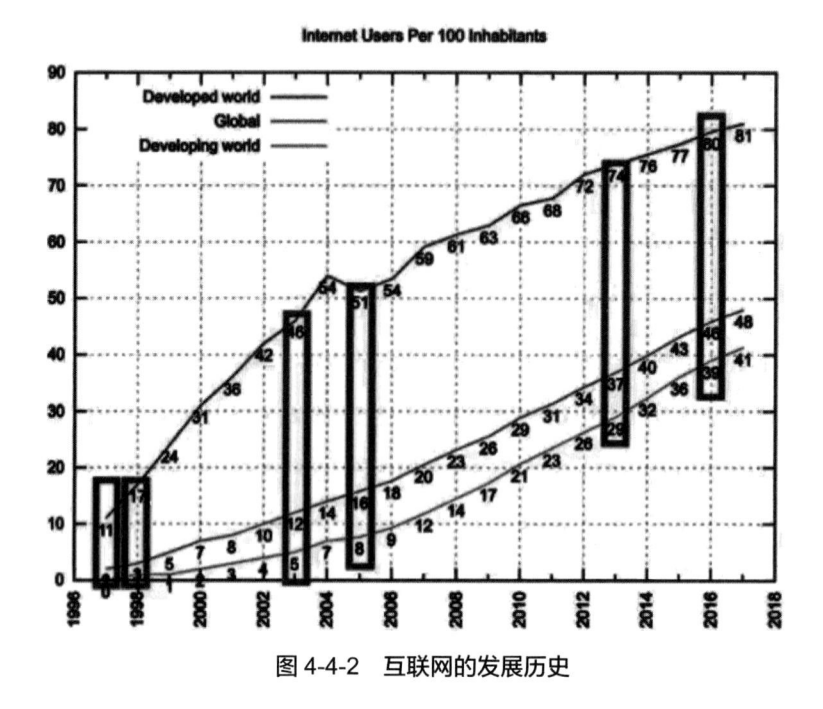

随着人口的增加，人们对于数字主权的讨论也在增加。有一些时间点值得我们注意。1986年，成立了一个网络空间技术标准组织（IETF），这个组织拥有开放、透明和自下而上的决策文化；1997年，美国提出了全球第一个电子商务的架构；1998年，ICANN成立，旨在用来处理网络IP域名和DNS问题；在2003年和2005年，联合国在日内瓦和突尼斯讨论网络关键资源管辖问题；2006年至今，联合国的IGF（互联网治理论坛）一直在致力于讨论网络治理问题；2014年，ICANN向公众呼吁"世界只有一个网络"的概念；2016年，美国商务部下属机构国家电信和信息局把网际网络域名管理权完全交给ICANN；同在2016年的世界经济论坛上，两位学者提交了一份关于网络碎片化的问题报告；2017年，米尔顿·穆勒（Milton Mueller）在关于网络的著作 *Will The Internet Fragment*（《互联网会不会碎片化》）中探讨了网络是否会裂解的问题；而时间转移至2020年，欧盟的研究单位谈到了欧洲数字主权的概念。

主持人：获得数字主权的意义是什么？

吴国维：获得数字主权的意义重大。在开放全球电子商务中，首先会面对的是税务问题、隐私权问题、言论自由问题、身份匿名问题、知识产权问题、加密问题以及电信自由化。因此，在处理以上问题时，各个国家或机构成立了不同的组织以管理或解决问题。如，1998年成立了ICANN以管理网络问题；欧盟建立GDPR（《通用数据保护条例》）以解决隐私权问题；WIPO（世界知识产权组织）解决复制的问题等。随着时代的发展，旧的问题被解决、同时新的议题也被提了出来。如，网络安全的问题、连接与碎裂化问题以及人工智能管理的问题。

IETF（互联网工程任务组）的前主席及同期技术人员认为，"网络被设计出来伊始并没有国家疆界的概念，网络空间不应该被碎裂化或孤岛化"。假设网络空间呈现孤岛化状态，网络便失去了价值，网络也便不再创造经济、社会等重要的连接。

2017年，米尔顿·穆勒在其书中认为，网络的碎裂化争议其实是来自国家主权在数字空间里的斗争。2018年全球20大互联网公司，都只来自美国和中国这两个国家，因此，在面对美国和中国对互联网的掌控力，作为网络另一股庞大力量的欧盟便有部分会员国在"欧洲数字主权"（Digital sovereignty for Europe）的会议当中阐明，担忧他们是否会逐渐丢失对互联网资源的管控或创新的能力，在未来的数字空间中，试图通过提出数字政策以提升欧洲的网络竞争力，让网络更安全、更符合伦理。欧盟在其会议当中并没有提到对互联网边界界定的问题，但这并不意味着欧洲的互联网问题就得到了妥善的解决。法国在会议上提出了"数字税"概念，但数字税的概念并不是由法国所原创的，而是来源于美国。早在1997年，麦金农（McKinnon）便认为不应该收取数字税，但时至今日美国的各个州对数字税仍然存有不同的看法。

不同人员或组织之间对网络资源的定义是不同的，这也决定了他们对网络治理的处理态度。在面对网络治理问题上，技术人员最关心的是网络的使用效率和管控成本问题；而对于政府来说，最关心的是网络垄断的问题。面对网络边界问题，不同的参与者有不同的考量依据。

因此，在讨论数字主权之前，我们需要明晰一个问题，即"数字主权的概念到底要解决什么问题"。首先，网络互连互通是非常重要的，我们需要一个共同的协议解释 IP 和 DNS；其次，要建立网络边界是可能的，但与此同时也面临极高的成本和效率问题，并且也会成为限制处理国际问题的劣势。

【翻译整理：张剑锋，傅海鑫】

后记

"风起于青萍之末"。2019年底—2020年初的我们恐怕很难想象新冠病毒感染竟会迅速演变为一场席卷全国、全球的疫情风暴。时至今日，新冠病毒感染疫情对社会生活方方面面的深入刻写已见于日常。本拟于2020年暑期执行的高校重点外专项目"重构传播学：国际传播的新范式、新方法"亦为受新冠病毒感染疫情影响、延期于线上举行的事项之一。

自2020年11月5日至12月21日，"重构传播学：国际传播的新范式、新方法"共举行了10个系列16场讲座，来自美国、英国、瑞士等国家和地区的33位专家在线分享了"计算传播""健康传播""智能传播""组织传播""互联网空间治理"等领域内的国际前沿研究议题、研究范式、研究方法、研究发现等，为疫情期间的学术圈带来了一场跨时空的学术盛宴。爆满的听众、热情的互动和讲座结束后有关讲座重播网址的咨询声等都从侧面反映出此次线上系列讲座效果甚佳。

2022年初，一位学界友人再次提及"重构传播学：国际传播的新范式、新方法"系列讲座，并在盛赞之余建议将讲座转化为纸质形式，以飨学人。工作团队遂迅速联系各位演讲嘉宾、获得将讲座内容整理成书的授权，然后依据讲座视频整理内容。在整理书稿过程中，我们感觉2022年"京师全球暑期学堂"中两场讲座与2020年"重构传播学：国际传播的新范式、新方法"系列讲座一脉相承，遂亦征得主讲专家同意，收录其中，最终成书如是。

众人拾柴火焰高，"重构传播学：国际传播的新范式、新方法"讲座及成书均得益于各方鼎力支持。借此付梓之际，略表谢意。

首先，感谢各位嘉宾的鼎力支持。

嘉宾们收到讲座邀约时的热情回应；其深厚学养、前沿视野给听众带来的启发；及其授权出书的公心和审核校对的无私付出均为讲座与图书奠定了坚实基础。

其次，感谢北师大新闻传播学院教师们的全情投入。

十多场讲座的主持人均为北师大新闻传播学院教师，他们积极承担此项公共服务，用专业、敬业、认真、细致的组织、主持与书稿审校工作，增色讲座与图书。

再次，感谢北师大新闻传播学院的同学们。

讲座环节，众多同学在专家联系、会议室预订、会场维护等方面付诸心力，甘当"幕后英雄"；在书稿整理阶段，同学们回顾讲座视频，尽力"信""雅""达"地转译专家思想，为图书如期出版做出贡献。

最后，感谢中国国际广播出版社编校人员专业细致的编辑工作；感谢北师大新闻传播学院"京师传播文丛"出版基金的资助；感谢其他所有为《重构传播学：国际传播的新范式、新方法》投注心力的师友亲朋……

对话碰撞出灵感，传承孕育出创新。《重构传播学：传播研究的新范式、新方法》一书希望能为系列讲座增加一种传播维度，让此次学术交流激发出更多灵感、萌发出更多创新。当然，书稿在整理中亦可能留有缺憾，恳请方家不吝赐教。

是为后记！

丁汉青

2022年8月4日于北京

附录　讲座及文稿整理基本情况

本书收录讲座基本信息（按讲座时间顺序）

时间	系列	主持人	嘉宾	嘉宾工作单位	文稿整理者
2020.11.05	系列一：计算传播专题（4场）	丁汉青	吴令飞	匹兹堡大学计算机与信息学院助理教授	许瑞
2020.11.07		丁汉青	沈粹华	美国加州大学戴维斯分校传播学系教授	洪盈婕
2020.11.09		吴晔	彭一郎	佐治亚大学助理教授	郭婧一
2020.11.18	系列二：健康传播专题（4场）	杨雅	赵晓泉	乔治梅森大学传播学院教授	周柯宇
2020.11.19		刘淼	Kevin B. Wright	乔治梅森大学传播学院教授	苏芳
2020.11.20		杨雅	Sojung Claire Kim	乔治梅森大学传播学院助理教授	武迪
2020.11.21		杨雅	Gary L. Kreps	乔治梅森大学传播学院特聘教授	张恩雨
2020.11.30	系列三：数字媒体研究前沿对话	杨雅	Stuart Allan	卡迪夫大学新闻、媒体与文化研究学院教授、前任院长	李钒
			Cynthia Carter	卡迪夫大学新闻、媒体与文化研究学院副教授	
2020.12.04	系列四：互联网治理研究前沿	钱忆亲	汪炳华 Peng Hwa Ang	新加坡南洋理工大学传播与信息学院教授，《亚洲传播学刊》主编	张剑锋 傅海鑫
			Milton Mueller	佐治亚理工学院教授	
			Amrita Choudhury	互联网协会德里分会主席、亚太互联网治理论坛副主席、ICANN 2021年提名委员会成员	
			吴国维 Kuo-Wei Wu	ICANN董事会成员，NIIEPA首席执行官	
			徐培喜	中国传媒大学教授	

续表

时间	系列	主持人	嘉宾	嘉宾工作单位	文稿整理者
2020.12.08	系列五：SSCI主编论坛	闫文捷	Ven Hwei Lo	《传播与社会学刊》编辑，香港浸会大学教授	徐来翻译、周树华编辑：《主编解疑：走出SSCI期刊发表的迷宫》，已刊于《传播与社会学刊》第60期2022:1-22
			Louisa Ha	《新闻与大众传播季刊》编辑，鲍尔林格林州立大学教授	
			Fuyuan Shen	《大众传播与社会》编辑，宾夕法尼亚州立大学教授	
			Bu Zhong	《计算机与人类行为》高级编辑，宾夕法尼亚州立大学教授	
			周树华	《广播与电子媒体学刊》编辑，密苏里大学教授	
2020.12.12	系列六：跨文化语境下的组织传播与创新	李倩	杜娟	加拿大皇家大学传播与文化系副教授	梁雨辰 杨雅
			陈凌	香港浸会大学传理学院荣休教授	
			王瑢	美国肯塔基大学信息传播学院助理教授	
2020.12.13	系列七：媒介与人机交互	刘茜	姚正宇	美国伊利诺伊大学厄巴纳-香槟分校媒体学院教授	刘欢
			许坤	美国佛罗里达大学新闻传播学院任职助理教授	
2020.12.16	系列八：研究如何选料：实证研究的数据质控	杨雅	沈菲	香港城市大学人文社科学院媒体与传播系副教授	杨雅云

续表

时间	系列	主持人	嘉宾	嘉宾工作单位	文稿整理者
2020.12.17	系列九：新闻传播学科国际学会主席论坛：学科任务与传播学未来发展	闫文捷	Mary Beth Oliver	宾夕法尼亚州立大学教授，国际传播学会当选主席	毛璐璐 杨 雅
			Tim P. Vos	密歇根州立大学教授，新闻与大众传播教育学会主席	
			David T. McMahan	西密苏里州立大学教授，美国全国传播学会当选主席	
			Tony R. DeMars	得克萨斯农工大学康莫斯分校教授，美国广播教育学会主席	
			周树华（论坛主持人）	密苏里大学新闻学院 Leonard H. Goldenson 讲席教授	
2020.12.21	系列十：健康素养、环境与计算内容分析方法	杨 雅	Peter J. Schulz	瑞士卢加诺大学传播科学学院传播与健康研究所所长兼传播学教授	杨雅茹 杨 雅
			张文瑜	澳门大学传播学系助理教授	
2022.7.7	元宇宙视域下的传播学学科重构	杨 雅	喻国明	北京师范大学教授	滕文强
2022.7.7	社会科学范式、理论与方法的重构与统一：重新发现传播学研究的灵魂	周 敏	姚正宇	伊利诺伊大学香槟分校媒体学院教授	陈雪娇